AVANT-GOUT

DES

SÉVÉRITÉS DE L'AVENIR,

OU

PHASE D'UNE LUTTE QUI N'EST PAS TERMINÉE

ET QUI AMÈNERA INFAILLIBLEMENT

LE TRIOMPHE D'UNE GRANDE IDÉE.

PAR

AIMÉ PARIS.

> « Ce qu'il faut d'abord à une invention, ce sont
> « des spectateurs attentifs, bienveillants, animés
> « du ferme désir d'apprécier le fait, indépendam-
> « ment des conséquences plus ou moins désas-
> « treuses qu'il pourra avoir pour la science offi-
> « cielle.... »
>
> « Il ne s'agira pas de savoir lequel a le plus
> « d'esprit de M. S..., ou de M. F..., question fort
> « intéressante, sans doute, pour ces deux illustres
> « académiciens, mais d'une médiocre importance
> « scientifique ; il s'agira de savoir comment se for-
> « ment les os. »
>
> (VICTOR MEUNIER, *Nécessité d'une réforme scien-
> tifique* (PHALANGE, XIVᵉ année, in-8°, p. 227.)
>
> « Oui, le mal est grand, plus grand que nous
> « ne pouvons le dire. Eh bien ! loin de m'incliner
> « devant lui, parce qu'il est grand, je le frappe
> « à la tête. »
>
> (M. THIERS, *Moniteur*, 18 mars 1846).

PARIS.

CHEZ M. ÉMILE CHEVÉ, 60, RUE SAINT-ANDRÉ-DES-ARTS,

ET CHEZ TOUS LES LIBRAIRES.

1846.

V C.

16519

AVANT-GOUT

DES

SÉVÉRITÉS DE L'AVENIR.

IMPRIMERIE D'ÉDOUARD BAUTRUCHE,
90, rue de la Harpe.

AVANT-GOUT

DES

SÉVÉRITÉS DE L'AVENIR,

OU

16 ANS D'UNE LUTTE QUI N'EST PAS TERMINÉE,

ET QUI AMÈNERA INFAILLIBLEMENT

LE TRIOMPHE D'UNE GRANDE IDÉE.

PAR

AIMÉ PARIS.

« Ce qu'il faut d'abord à une invention, ce sont « des spectateurs attentifs, bienveillants, animés « du ferme désir d'apprécier le fait, indépendam- « ment des conséquences plus ou moins désas- « treuses qu'il pourra avoir pour la science offi- « cielle.... »

« Il ne s'agira pas de savoir lequel a le plus « d'esprit de M. S.... ou de M. F...., question fort « intéressante, sans doute, pour ces deux illustres « académiciens, mais d'une médiocre importance « scientifique : il s'agira de savoir comment se for- « ment les os. »

(Victor Meunier, *Nécessité d'une réforme scientifique* (Phalange, XIVe année, in-8°, p. 227.)

« Oui, le mal est grand, plus grand que nous « ne pouvons le dire. Eh bien ! loin de m'incliner « devant lui, parce qu'il est grand, je le frappe « à la tête. »

(M. Thiers, *Moniteur*, 18 mars 1846).

PARIS,

CHEZ M. ÉMILE CHEVÉ, 60, RUE SAINT-ANDRÉ-DES-ARTS,

ET CHEZ TOUS LES LIBRAIRES.

1846.

AVERTISSEMENT.

Ce n'est point ici un pamphlet, destiné à être oublié quand l'actualité des circonstances aura disparu. Ce sont des matériaux pour l'histoire d'une science et des encouragements pour ceux qui voudront savoir si le dévouement et la ténacité peuvent finir par avoir raison de la routine et de l'ignorance.

Une durée plus longue leur est assurée, par l'heureuse idée qu'ont eue M. et Mme Chevé de leur donner pour garantie de longévité la place qu'ils occupent à la fin de leur remarquable *Méthode élémentaire d'harmonie*, magnifique corollaire des grandes idées de Galin.

Sans cette explication, le lecteur ne comprendrait ni une pagination commençant à la page 287, ni la table des matières d'un volume absent, placée avant celle des faits qu'expose cette brochure.

J'ai cru devoir conserver les deux pages de M. Chevé, intitulées *Continuation d'une incroyable histoire*, parce qu'elles apprennent au lecteur que ses tentatives de vérification rationnelle et concluante ont rencontré la même négation de bon vouloir que les miennes, auprès des dépositaires de l'autorité, qui paraissent ne pas songer assez que le *droit* de toucher de gros traitements et d'étaler leurs broderies dans les solennités officielles, implique le *devoir* de songer un peu au pauvre peuple qui paie leurs appointements et qui fait les frais de leurs brillants costumes.

Je n'ai point à excuser l'âpreté de mon langage. De tous les hauts exemples dont j'ai tâché de faire ma règle de conduite, celui qui m'a le plus frappé, c'est celui du fils de Dieu, chassant à coups de verges, les vendeurs du temple; j'ai toujours admiré les beaux vers que Racine met dans la bouche du vieux Joad :

> Rompez, rompez tout pacte avec l'impiété !
> Du milieu de mon peuple exterminez les crimes,
> Et vous viendrez alors m'immoler vos victimes.

Paris, 9 avril 1846.

Aimé PARIS.

CONTINUATION

D'UNE INCROYABLE HISTOIRE.

Le 8 septembre 1845, j'écrivais en tête du premier volume de cet ouvrage, page 77, la phrase suivante : « Je le répète, je ne ferai défaut à personne. » Six mois se sont écoulés depuis, et la question n'a pas fait un pas de plus.

Toutes les personnes (et elles sont nombreuses) qui voient chaque jour les résultats que nous produisons, répètent à l'envi : « Quel malheur que « les autorités ne connaissent pas un pareil moyen ! elles l'adopteraient « avec enthousiasme, *après en avoir fait faire une sérieuse vérification.* « Écrivez donc à M. de Rambuteau, pour les écoles de la ville, ou à M. de « Salvandy qui désire tant introduire la musique dans les colléges. D'au- « tres me disent : écrivez à M. Duchâtel, pour demander de faire une « expérience au Conservatoire; non, disent les troisièmes, il faut voir « M. Auber ou M. Orfila ; le premier dirige le Conservatoire royal, et le « second domine toute la musique élémentaire en France, par sa position « dans le Conseil de l'instruction publique. »

En mon âme et conscience, je déclare que j'ai toujours regardé toutes ces démarches comme parfaitement inutiles et ne devant amener aucun résultat; mais, comme je pouvais me tromper, j'ai fait violence à mes convictions, pour suivre les conseils que l'on me donnait ainsi de tous côtés ; et, pour qu'on ne pût pas dire que la seule démarche que j'aurais négligée eût peut-être été celle qui devait réussir, j'ai fait comme le *meunier du* BONHOMME, *j'ai suivi tous les conseils* qu'on m'avait donnés, *je les ai tous mis à exécution*, et je me hâte d'ajouter, *avec un insuccès complet jusqu'ici*. Oui, et la génération qui nous remplacera refusera de le croire, oui, j'ai offert à *toutes* les autorités qui ont quelque influence sur l'enseignement de la musique, en France, de démontrer *expérimentalement* et *gratuitement,* que l'on pouvait sans peine ni dépense décupler, centupler même, les résultats demandés partout à l'enseignement musical, à l'enseignement élémentaire comme à l'enseignement transcendant; *et partout j'ai été repoussé sans examen!* Ministres, préfet, conseiller, directeur, etc., tous ont été unanimes pour repousser l'idée neuve qui demandait, le front haut, à prendre droit de cité, après exhibition faite de ses titres; tous ont persisté à vouloir laisser la France entière croupir dans ces bourbiers scolastiques appelés *méthode Wilhem*, *solféges*, *traités d'harmonie*, *traités de contre-point*, etc. Eh bien! soit; on ferme partout l'oreille à toute proposition honnête et loyale d'*expérimentation* et de *concours;* on se couche en travers de la route pour arrêter le progrès. Va donc pour la guerre, puisque la vérité ne peut obtenir son admission pacifique; mais tant pis pour ceux qui se feront écraser sur la route : ils l'auront voulu!.. Le lecteur impartial comprendra que, dans une lutte aussi inégale, où nous sommes seuls contre tous, nous avons le droit d'user de toutes les armes que la loyauté et le bon goût ne nous défendront pas.

N'ayant encore reçu de réponse définitive à aucune de mes demandes, je suis obligé de remettre à une époque plus reculée la publication de toutes mes démarches et *des incroyables paroles* qu'elles m'ont fait adresser. A plus tard, donc, la continuation du débat; mais en attendant, je vais faire connaître au lecteur une autre série de démarches faites par M. Aimé Paris, qui m'adresse la lettre suivante. Après la lecture de l'écrit de M. Aimé Paris, chacun sera en position de voir de quel côté se trouve la vérité, la loyauté et le courage, et de quel côté se rencontrent, au contraire, l'erreur, la duplicité et la couardise.

Paris, *vendredi* 13 *mars* 1846.

É. CHEVÉ.

SEIZE ANS

D'UNE LUTTE QUI N'EST PAS TERMINÉE

ET QUI AMÈNERA INFAILLIBLEMENT

LE TRIOMPHE D'UNE GRANDE IDÉE.

> In terrâ pax hominibus bonæ voluntatis !
> (*Ordinaire de la messe.*)

A M. ÉMILE CHEVÉ.

Metz, 15 novembre 1845.

Tu me demandes, frère, des documents qui puissent confirmer l'effet moral de ceux que tu as publiés dans ton *Appel au bon sens*, pour prouver qu'une vérité sûre d'elle-même ne redoute pas l'examen, tandis que les fausses doctrines, seules, refusent le combat à ciel ouvert, quand elles sont loyalement appelées sur le terrain de la preuve.

Je t'adresserais un volume, si je voulais te faire connaître une à une et dans leurs détails les luttes que j'ai soutenues, depuis vingt-cinq ans, dans mon humble rôle de pionnier de l'intelligence. Ce ne serait pas un livre sans intérêt que celui-là ; peut-être m'en occuperai-je un jour ; mais ici je dois seulement présenter rapidement le tableau des efforts que j'ai vainement tentés pour arriver à la seule solution concluante et raisonnable, la preuve par les faits. Il y a longtemps que toutes les convictions seraient formées, si les mœurs publiques étaient plus avancées ; mais les hommes sont disposés à croire ceux qui les flattent, plutôt que ceux dont la brusque franchise dédaigne les formes obséquieuses et met sans ménagement une plaie à découvert, pour mieux faire comprendre la nécessité ou l'urgence du remède.

Depuis près de huit ans, dans mon apostolat pour le triomphe des théories qui fondent la durée des souvenirs sur l'analyse et sur l'association des idées, j'exposais à mon auditoire, renouvelé presque chaque mois, quelques-unes des idées de Galin, notre maître, lorsque, en 1829, les instances réitérées de plusieurs amis du progrès me déterminèrent à me livrer plus spécialement à la vulgarisation de cette théorie neuve et féconde. Il me semblait que les musiciens devaient accueillir avec empressement le moyen qui leur serait offert de réformer leur mode d'enseignement, surtout si l'initiation ne les grevait pas d'un impôt.

Pendant plusieurs cours consécutifs, j'invitai les professeurs à suivre *gratuitement* mes leçons; rarement un seul d'entre eux se présentait; et si, par hasard, quelque individualité mieux disposée avait assez de bon vouloir pour commencer la vérification, elle ne tardait pas à battre en retraite, effrayée par l'idée d'avoir à combattre des adversaires qui ne se distinguaient ni par la loyauté de leur résistance, ni par la délicatesse du choix de leurs moyens d'attaque.

Il fallait, dès lors, renoncer à faire accepter l'idée de gré à gré, par ceux qui, pourtant en réalité, étaient les plus intéressés à la voir triompher, s'ils ne mentaient pas, en protestant de leur zèle pour les progrès de l'art. Je me vis amené, par la force des choses, à demander qu'un parallèle fût établi entre les résultats de l'enseignement, d'après les deux théories; car, malgré la variété des étiquettes adoptées par Rodolphe, les Conservatoires, Wilhem, Mainzer, Stœpel, Massimino, Quicherat, Panseron, etc., il n'y a que deux principes dans les camps opposés : le *son absolu*, chez les partisans de l'ancienne méthode; les *rapports d'intervalles*, parmi les disciples de Galin.

Les conditions des concours que je déclarais accepter étaient nettement posées ; l'expérience était offerte avec *égalité de nombre d'élèves, d'âge, de dispositions musicales* (autant qu'on pouvait y parvenir), *de durée des leçons, de temps écoulé entre les séances.*

Nulle part, dans la foule des professeurs de musique de Strasbourg, Marseille, Lyon, Rouen, Bordeaux, etc., il ne se trouva un homme assez convaincu de la supériorité de son mode d'enseignement pour essayer une épreuve que, souvent, je proposais en assurant à mon compétiteur *une indemnité qui devait lui appartenir, quel que fût le succès de l'entreprise.*

Je profitai d'un assez long séjour à Paris, en 1836 et 1837, pour demander la même preuve de conviction aux chefs d'école qui avaient arboré leurs diverses bannières. Tous me refusèrent ; *chacun par des motifs différents.*

M. Massimino s'excusa sur le découragement dans lequel il était tombé, par suite des tracasseries que lui avait suscitées l'esprit intrigant de Wilhem.

M. Mainzer imagina une fin de non-recevoir, fondée sur ce qu'un essai comparatif n'était propre qu'à exciter des *animosités personnelles*!!!

F. Stœpel y mit moins de mansuétude ; il refusa net. C'était peu de temps avant que l'affaiblissement de sa raison le conduisît au tombeau.

Wilhem, à qui je fus obligé de renouveler de vive voix, en présence d'un témoin, la proposition *écrite* qu'il avait laissée sans réponse, ne se montra nullement disposé à accepter une épreuve dans laquelle il n'aurait rien à espérer du crédit de M. Orfila. Déjà, à cette époque, M. le doyen actuel de la Faculté de médecine de Paris était le directeur suprême de l'enseignement musical, auquel, entre nous, je le soupçonne fort ne pas entendre grand'chose ; non qu'il n'ait su tirer un *très-grand parti* de sa magnifique voix ; mais parce qu'il ne m'est nullement démontré que les qualités du chanteur puissent tenir lieu de celles de l'analyste. Je ne tarderai pas à examiner, dans une *Toxicologie musicale*, si M. Orfila sait appliquer aux *poisons intellectuels* les procédés d'investigation qui lui font trouver quelquefois de l'arsenic où d'autres ne l'ont pas soupçonné.

Je soumettrai à une analyse rigoureuse l'inqualifiable rapport dont M. Boulay de la Meurthe a eu le crédit de faire approuver unanimement les conclusions par le conseil municipal de la Seine. Je montrerai l'absence complète d'intelligence et d'esprit de déduction, les monstruosités les plus faciles à reconnaître et à signaler, là précisément où il a trouvé la preuve révélée du *génie* de Wilhem ; et quand mon scalpel aura mis à nu toutes les parties gangrénées de ce squelette informe, on se demandera comment M. Orfila n'a pas craint de prendre sous son patronage actif et persévérant une conception digne des temps de barbarie ; comment, au nom de l'esprit de progrès et de philanthropie, M. Boulay de la Meurthe a pu venir demander une couronne civique pour une rénovation qui méritait d'être ignominieusement chassée du sanctuaire de la science, au nom du sens commun et de l'intérêt bien compris des familles.

J'ai insisté, à la même époque, auprès de M. de Gasparin, ministre de l'intérieur, pour faire ordonner un concours général entre les diverses méthodes, *y compris celle du Conservatoire* ; M. Cavé, directeur des beaux-arts, à qui je fus renvoyé par le ministre, me répondit que le gouvernement ne voulait rien faire qui pût *désobliger* M. Chérubini.

A Bordeaux, j'accepte, le 20 janvier 1838, sans autre indemnité que la perspective d'un essai comparatif, formellement stipulé, l'instruction d'une division des élèves-professeurs de l'école normale primaire. On m'avait promis (verbalement il est vrai) que ces élèves seraient comparés avec la division supérieure, qui avait commencé, dix-huit mois auparavant, par la méthode Wilhem, et qui continuerait ses études en même temps que mes élèves. Arrivé à mon terme, je demande la comparaison *promise*. On me répond effrontément que rien de semblable n'est entré dans les intentions de la commission de surveillance : comme si j'aurais eu la simplicité, moi déjà chargé de quatre cours publics, dont deux gratuits, l'un pour les enfants, l'autre pour les ouvriers, de m'imposer en outre *gratuitement* le fardeau de l'Ecole normale, où *les portes fermées au public intercepteraient le retentissement de mes résultats!* Il aurait fallu me faire interdire. M. Perrot, professeur d'après Wilhem, a eu les mêmes scrupules de prudence que ce créateur de la soi-disant méthode si chère à M. Orfila, et l'administration de l'Ecole normale de Bordeaux n'a pas hésité à fausser sa parole, pour sauver l'amour-propre de son professeur.

A Lyon, en 1839, un représentant du Conservatoire royal de France, M. Viallon, ne se montra pas plus disposé à rompre une lance en faveur des doctrines de cet établissement, où l'enseignement élémentaire est aussi déplorable que partout ailleurs.

L'année suivante, à Lille, la méthode Wilhem, dans la personne de mademoiselle Cottignies, professeur à l'Association Lilloise, a reculé devant le parallèle que je lui ai proposé.

Dans la même ville, et à la même époque, la succursale du Conservatoire de Paris n'a point accepté des offres d'essais comparatifs (1).

---

(1) Je crois pouvoir rapporter ici une anecdote qui se rattache très-directement à mon sujet. L'Académie royale de musique de Lille avait refusé, le 8 août 1840, par une lettre signée de six administrateurs de cet établissement, l'essai comparatif que j'avais proposé le 15 juillet précédent. J'eus quelque raison d'être surpris, en recevant, peu de jours après ce refus, une lettre d'invitation pour la distribution des prix de la succursale du Conservatoire.

M. le Préfet, éblouissant de broderies, prononça un discours dont la péroraison me parut contenir des allusions assez tranchées. Je crus trouver dans ce passage l'explication de mon billet d'entrée. Il n'était pas tout-à-fait impossible que l'Académie royale, qui avait une revanche à prendre, eût jugé à propos de me faire *gronder*, comme un écolier mutin, par M. de Saint-Aignan, préfet du département du Nord. Je le pensai, du moins, et le lendemain, 30 août, j'adressai à M. de Saint-Aignan une lettre ainsi conçue :

Monsieur le Préfet,

« Dans la position que m'ont faite des propositions adressées par moi à l'Académie royale de musique de Lille, une lettre que j'ai reçue de l'administration de cet établissement, le 9 août, et la reproduction (encore sans réponse) de mes propositions du même jour, je suis excusable de ne point dépouiller de toute application personnelle la phrase qui termine

A Bruxelles (1840, 1841, 1843), je m'adressai à M. Fétis, directeur du Conservatoire royal, et auteur de plusieurs méchants articles contre la théorie de Galin. Mes propositions de *concours* furent refusées à trois reprises différentes. M. Fétis avoua, par son silence, l'impossibilité de combattre les preuves multipliées de malveillance et de mauvaise foi que je publiai dans une lettre que n'aurait certainement laissée sans réponse, si

---

votre discours d'hier, à la distribution des prix de la succursale du Conservatoire de Paris, et dans laquelle, sauf de légères différences de mots que je n'étais pas préparé à sténographier, vous avez invité les élèves *à se tenir en défiance contre les paroles de ces génies qui se croient méconnus, et à persévérer dans l'excellente direction qui leur est donnée.*

Je n'ai pas de mon importance une opinion assez exagérée, Monsieur le Préfet, pour croire qu'il doive être impossible que mon nom ne soit point parvenu jusqu'à vous, et je recevrai, sans aucun sentiment pénible, la réponse qui m'apprendra qu'il faut être placé plus haut que je le suis dans le monde intellectuel, pour s'imaginer qu'on entre pour quelque chose dans les préoccupations des hommes investis d'une magistrature considérable. Aussi, dans le cas où je me tromperais, en admettant la très-faible probabilité d'un blâme jeté par vous sur les idées que j'essaie de substituer à d'autres, je vous offre d'avance mes excuses très-sincères, pour la perte des moments que vous aurez consacrés à lire cette lettre, et pour une supposition qui aura pu vous blesser.

D'un autre côté, si je n'étais pas tout-à-fait étranger à la fin de votre allocution, j'ose espérer, Monsieur le Préfet, que vous ne refuseriez pas de donner à votre opposition une forme plus nettement accusée, comme je le ferai sans hésitation, toutes les fois qu'on fera un appel à ma loyauté.

J'ai l'honneur d'être, avec respect, Monsieur le Préfet, votre très-humble et très-obéissant serviteur,

AIMÉ PARIS. »

Lille, 30 août 1840.

Le lendemain on me remit le billet suivant :

Cabinet du préfet du Nord.

Monsieur,

« M. le Préfet me charge de vous informer qu'il ignore complètement vos rapports avec l'Académie de musique de Lille. Il n'a donc ni pu, ni voulu, dans son discours, faire allusion à votre personne ou à vos idées que, d'ailleurs, il ne connaît pas.

Agréez, Monsieur, l'assurance de ma considération très-distinguée,

EUGÈNE VEUILLOT,
Secrétaire particulier de M. le Préfet. »

Lille, 31 août 1840.

Les journaux de Lille publièrent le lendemain le discours de M. le préfet du Nord. J'y cherchai vainement la phrase *que j'avais entendue* et qui avait été *remarquée par beaucoup d'autres personnes.* Pourquoi l'a-t-on retranchée ? pourquoi m'a-t-on adressé une lettre d'invitation ? C'est un double mystère que je n'essaie point d'éclaircir.

elle n'avait pas été vraie de tout point, aucun homme soigneux de sa réputation de droiture et de puissance d'analyse.

Mes démarches nombreuses *pendant* QUATRE ANS, auprès du ministre des travaux publics et de celui de l'intérieur, en Belgique, pour obtenir que M. Fétis fût invité à accepter le concours, n'eurent aucun résultat ; je me trompe : elles me donnèrent la mesure du degré de niaiserie auquel peuvent descendre même des conseillers de la couronne, quand, au lieu d'avouer tout simplement qu'ils tiennent à conserver *ce qui est*, ils entreprennent de donner à une faute les apparences d'une mesure salutaire.

Voici mes preuves :

A Monsieur le Ministre de l'Intérieur, à Bruxelles.

Monsieur le Ministre,

Je ne veux aucun emploi, soit salarié, soit permanent, au Conservatoire royal de Bruxelles. M'offrît-on un traitement égal à celui du directeur, ma résolution serait la même.

Si on ne veut point comprendre une pensée de dévouement, et s'il faut absolument tout expliquer par un intérêt matériel, je consens à voir assigner pour motif à cette abnégation contestée, le désir d'augmenter mes revenus, en exploitant une victoire.

Plusieurs fois déjà, Monsieur le Ministre, sans obtenir de vous aucune réponse, j'ai eu l'honneur de vous proposer un parallèle dont le résultat pouvait éclairer le gouvernement sur la meilleure marche à suivre pour établir l'enseignement élémentaire de la musique sur des bases larges et certaines.

Je renouvelle aujourd'hui cette proposition.

Des élèves pris exclusivement parmi ceux que j'ai inscrits pour mon cours du 18 mai dernier, et d'autres élèves, admis, depuis trois ans au moins, au Conservatoire royal de Bruxelles, seront soumis concurremment, le 31 août prochain, à des épreuves comparatives.

Il sera tenu compte, de part et d'autre, du nombre des concurrents, par rapport au total des élèves inscrits.

Si mes disciples, placés dans des conditions variées, dégagent *seuls* l'inconnue des problèmes de lecture, tandis que leurs adversaires seront souvent obligés de confesser leur impuissance, il faudra nécessairement en conclure que le système qui permet de tout réduire à un petit nombre de types est de beaucoup préférable à celui dans lequel la déconvenue est la règle et le succès l'exception.

Je crois qu'il me sera possible de prouver que tous les élèves de la théorie usuelle qu'on présentera comme capables de déchiffrer la musique, n'y seront parvenus qu'en se créant un système analogue à celui de Galin. Il me suffira, pour cela, de leur présenter, avec les accidents disséminés, des morceaux du même degré de difficulté que ceux qu'ils auront déchiffrés d'une manière satisfaisante, les accidents étant groupés à la clé.

Le spécimen qui suit servira à régler la nature des expériences. Je fournirai, dans cet ordre d'idées, les matériaux des épreuves pour les disciples de l'enseignement usuel; mes élèves opèreront sur des données de la même nature, fournies par les représentants de la méthode opposée.

J'ai eu l'honneur, Monsieur le Ministre, de vous soumettre, au mois d'octobre 1843, les motifs qui me défendaient d'accepter, pour mes élèves, un examen dans lequel on ne produirait aucun terme de comparaison. Rien n'est changé dans ma manière d'envisager la question; je refuserais ce mode vicieux de vérification.

Je verrais avec joie appeler les adversaires et le défenseur de Galin devant une commission d'hommes honorables et distingués par leur capacité. Le chef du Conservatoire a l'habitude de l'argumentation orale et de la discussion écrite; sa déclaration de principes remonte au mois de septembre 1833; il doit être prêt dès longtemps à soutenir sa thèse. Preuve par le fait et par le raisonnement, j'accepte tout ce qui peut conduire à la découverte de la vérité.

Quand le gouvernement se sera convaincu de la supériorité de nos théories, et de la certitude des résultats, je me mettrai à sa disposition, pour familiariser les professeurs de solfége du Conservatoire avec un meilleur enseignement, ou pour leur former des successeurs, s'ils refusent d'entrer dans des voies plus sûres. J'offre, dans ce cas, de remplir gratuitement leurs fonctions, comme intérimaire.

Ma demande devant nécessairement être renvoyée à Messieurs les membres de la commission du Conservatoire royal, je crois ne rien faire qui ne soit convenable, en les préparant à examiner dès aujourd'hui mes propositions, et en leur adressant la copie autographiée de ce qui doit leur être transmis officiellement.

J'ai l'honneur d'être, avec respect, Monsieur le Ministre,

Votre très-humble et très-obéissant serviteur,

AIMÉ PARIS.

Bruxelles, 30 juillet 1844.

Huit jours après, je recevais du ministre Nothomb une réponse qui mérite d'être conservée, pour montrer combien, en quelques lignes, il est possible de donner de soufflets au sens commun. La voici :

A Monsieur Aimé Paris, Montagne de la Cour, n. 84, à Bruxelles.

Bruxelles, 8 août 1844.

MONSIEUR,

En réponse à votre lettre du 30 juillet dernier, j'ai l'honneur de vous faire observer que si le gouvernement ne peut repousser d'une manière absolue les nouvelles méthodes pour l'enseignement de la musique, il ne doit pas non plus les admettre aveuglément. Il faut que des succès durables et non contestés aient donné à ces méthodes une certaine consistance; il faut que l'expérience en ait démontré la supériorité sur les méthodes anciennes, avant que le gouvernement puisse les introduire dans ses établissements.

Si la théorie de Galin, connue du reste depuis assez longtemps pour pouvoir être appréciée par les personnes compétentes, avait ce degré de consistance dont je viens de parler, le gouvernement ne refuserait pas, Monsieur, de l'accueillir au moins à titre d'essai. Mais, des hommes de capacité nient l'excellence de cette théorie; des professeurs du premier mérite et très-expérimentés en contestent tous les avantages et l'excluent de leur enseignement. Dans un tel état de choses, que doit faire le gouvernement? La prudence exige qu'il s'abstienne et qu'il attende : c'est au temps seul qu'il appartient de résoudre le problème. Si la méthode que vous préconisez l'emporte réellement sur l'ancienne, si la comparaison des résultats obtenus par l'une ou par l'autre est en faveur de la première, nul doute, Monsieur, que celle-ci ne finisse par triompher, sans qu'elle ait besoin de l'appui du pouvoir.

Quant au concours que vous proposez, je regrette, Monsieur, que le caractère de personnalité que vous y avez attaché mette le gouvernement dans l'impossibilité absolue de l'autoriser.

Agréez, Monsieur, l'assurance de ma parfaite considération,

Le Ministre de l'Intérieur,

NOTHOMB.

Ne point relever sans circonlocutions toutes les hérésies de cette réponse, c'était passer condamnation sur les pauvretés que M. Nothomb prodiguait à pleines mains, dans cette curieuse apologie du *statu quo* musical.

Au risque de me voir taxer d'irrévérence, je déposai à l'hôtel du ministre une lettre ainsi conçue :

A M. le Ministre de l'Intérieur.

Monsieur le Ministre,

Si les vérités de la géométrie n'étaient point acceptées universellement, et que j'eusse trouvé le moyen de démontrer, à l'aide de cette simple figure, que deux angles opposés par le sommet sont égaux, je ne trouverais pas une raison suffisante pour changer d'avis, dans l'opposition de la généralité des hommes qui se sont occupés d'arpentage ou de construction; je ne me croirais pas non plus obligé de soumettre ma raison et l'évidence déductionnelle à la dénégation d'un fonctionnaire élevé.

L'ouvrage que j'ai l'honneur de vous adresser (1) prouve que la doctrine dont je me suis fait l'apôtre est fondée sur des bases larges et solides; j'ai promis, page 74, de lever toutes les difficultés qui viendraient à ma connaissance, à mesure qu'elles me seraient présentées; je remplis, dans cette réponse, l'engagement que j'ai pris.

Votre lettre du 8 août 1844 m'enlève tout espoir d'arriver, par l'entremise du gouvernement, à la vérification d'un fait important et décisif, j'insiste sur ce dernier mot.

A cet inconvénient déjà fort grave, je ne veux pas joindre celui de vous paraître assez facile à convaincre pour admettre comme valables des raisons qui ne le sont pas.

Je n'ai point demandé au pouvoir d'admettre *aveuglément*, comme on affecte de le dire en me répondant, une nouvelle méthode pour l'enseignement de la musique. J'ai insisté pour que ses résultats fussent mesurés contre ceux de l'enseignement usuel ; la question de l'accueil à faire aux doctrines de Galin ne venait qu'après ce préliminaire indispensable et tout à fait rationnel.

Je ne sais pas bien, Monsieur le Ministre, ce qu'il faut entendre par ce que vous appelez des succès *durables* et non *contestés*. S'il ne s'agit, pour une théorie, que d'être *contestée* pour être rejetée, la méthode usuelle est aussi *contestée*; la première chose à faire est donc d'aller au *fait*, pour savoir laquelle des deux doctrines est autorisée à *contester* l'efficacité de l'autre.

J'ai dit au gouvernement: *la méthode usuelle ne produit pas de résultats réels*. Il n'y avait qu'une réponse à me faire, l'exhibition de ces résultats; mais on élude la question, et on croit me confondre en disant: *vos résultats ne sont pas durables, c'est la preuve implicite de la réalité des nôtres*. Cela ferait tout au plus, Monsieur le Ministre, deux raisons pour chercher une troisième méthode dont les effets fussent à la fois *réels et durables*; mais cela ne prouve point que l'enseignement usuel doive être conservé.

L'argument sur la durée des acquisitions n'est pas juste. Qui empêche, au moment où on scelle une statue de bronze sur son piédestal de granit, d'en prophétiser la destruction prochaine? J'avoue ne pas bien comprendre comment une capacité acquise ne sera pas durable, si, dans la pra-

---

(1) *De la Nécessité d'une réforme dans l'enseignement de la musique vocale*, par Aimé Paris, Bruxelles, in-8°. 1844.

tique journalière, se trouve l'occasion fréquente de manier des idées devenues de plus en plus familières, et comment on n'arrivera point à faire instinctivement des opérations que l'habitude aura rendues faciles. Il y a une chose dont, à coup-sûr, on peut prédire la *durée*, c'est l'incapacité, tant qu'on ne sait pas lire, d'arriver à lire vite. Voilà, Monsieur le Ministre, la triste condition des quatre-vingt-quinze centièmes des martyrs du Solfége, tel qu'on l'enseigne au Conservatoire royal de Bruxelles.

Il faut, dites-vous, *que l'expérience ait démontré la supériorité des méthodes nouvelles sur les anciennes*. Je l'accorde pleinement; mais permettez-moi de vous demander ce que c'est que l'*expérience*, sinon le résultat de comparaisons multipliées, d'examens variés, de vérifications scrupuleuses? Que ces moyens de s'éclairer soient essayés en aussi grand nombre qu'on le voudra, toujours faudra-t-il, si on exige cent épreuves, qu'il y en ait une qui précède les quatre-vingt-dix-neuf suivantes. Je vous ai proposé *la première*; demandez-en d'autres, fixez-en la nature et la quantité, rien de plus juste; mais du moins commencez *par la première*, qui n'a pas encore été faite. Avec votre raisonnement, on ne serait pas plus avancé dans trois cents ans qu'aujourd'hui.

J'accepte toutefois, comme une perspective consolante, l'adhésion qu'on veut bien ne pas refuser absolument à nos idées, au nom du gouvernement, pour l'époque où elles seront partout reconnues vraies et fécondes. L'Académie Française n'acquiert pas autrement ses titres à la reconnaissance publique, lorsqu'elle accorde le droit de bourgeoisie à un mot dont tout le monde se sert depuis un demi-siècle. Il y a beaucoup de mérite, je le reconnais très-volontiers, à suivre le fil de l'eau, quand on ne peut pas rester à la même place, ou lutter contre le courant.

Des hommes de capacité, ajoutez-vous, Monsieur le Ministre, *nient l'excellence de la théorie de Galin*; mais si je réponds à cela que *des hommes de capacité en proclament l'excellence*, que devient l'argument qu'on m'oppose? Citez vos noms propres, je produirai les miens; il y aura partage; *les faits seuls* pourront mener à une solution certaine. J'offre la comparaison par les *faits*, on n'ose pas l'accepter, et on veut que je m'avoue vaincu! Est-ce donc à l'armée qui bat en retraite à entonner le *Te Deum*?

Des professeurs du premier mérite et très-expérimentés, dites-vous encore, *contestent tous les avantages de cette méthode et l'excluent de leur enseignement*. Je réponds également que *des professeurs du premier mérite et très-expérimentés reconnaissent tous les avantages de cette méthode, et l'ont introduite dans leur enseignement*. Aux noms que vous mettrez en avant, j'en opposerai d'autres, et la question n'aura pas fait un pas vers sa solution. Il faudra donc encore en venir à la comparaison des *faits*.

Pourrait-on, au moins, savoir quels sont ces professeurs du premier mérite et très-expérimentés, ainsi que les motifs de leur répulsion? Malgré toutes mes recherches, je n'ai pu les trouver nulle part. Vous appuyez-vous, pour en faire des demi-dieux, sur ce que ces professeurs du premier mérite et très-expérimentés ne peuvent pas produire cinq pour cent en trois ans, et sur ce qu'ils craignent de livrer leurs élèves à l'examen comparatif?

Comment pouvez-vous, Monsieur le Ministre, savoir qu'ils sont *très-expérimentés*, s'ils ne font pas connaître ce que l'*expérience* leur a appris en matière didactique? Quels sont leurs livres, leurs preuves, leurs résultats? En vérité, malgré mon désir d'accueillir avec déférence, avec respect même, ce qui vient d'en haut, je suis forcé d'avouer qu'il me reste encore des scrupules.

Ouvrez l'histoire, Monsieur le Ministre, et tâchez d'y trouver une idée puissante qui n'ait pas eu contre elle ce qu'on appelait des hommes *du premier mérite et très expérimentés*. Vous y verrez Galilée, forcé de demander pardon à genoux d'avoir fait tourner la terre autour du soleil; Fulton, repoussé comme un visionnaire, quand il offrait la navigation par la vapeur, et mille autres exemples d'hommes utiles qu'on a méconnus ou même persécutés, pour la plus grande gloire de quelques nullités envieuses. A tous on a dit, sans leur donner d'autres raisons: vos vues sont contraires à celles d'*hommes du premier mérite et très-expérimentés*.

C'est au temps seul, dites-vous, Monsieur le Ministre, *qu'il appartient de résoudre le problème!* Le recours au temps peut sembler une ressource commode, pour échapper à l'examen; toutefois le *temps*, par lui-même, ne décide et ne prouve rien : ce sont des *expériences* qu'il faut *faire*, et non du *temps* qu'il faut *laisser passer*. Sans *expériences*, le *temps* n'amènerait aucun résultat. Le mot *temps* serait même un terme impropre; il faudrait dire *l'éternité*.

Cet argument du temps et tout ce qui le précède, se trouve déjà, par une singularité digne de remarque, dans les lettres autographes que j'ai reçues, en 1838 et en 1840, de M. le Directeur du Conservatoire royal de Bruxelles. Je n'affirme pas qu'il ait été consulté, ou qu'il ait formulé la réponse ministérielle; mais cette ressemblance entre le fond et même la forme littérale de la fin de non recevoir n'en est pas moins un fait qui peut et doit surprendre ceux qui comparent les textes et les raisonnements.

Ce qui fait refuser le concours, c'est, ajoute votre lettre, *le caractère de personnalité que j'y ai attaché*. Vous tireriez d'une grande perplexité, Monsieur le Ministre, toutes les personnes qui, comme moi, ont cherché attentivement *de la personnalité* dans ma lettre du 30 juillet, si vous aviez la bonté d'indiquer le passage qui place la question sur ce terrain. Voudriez-vous, par hasard, que des opinions contradictoires pussent être discutées sans *l'intervention personnelle* de ceux qui les soutiennent? Fallait-il, quand je mettais ma *personne* au service de mes convictions, pour les justifier et les faire partager, exclure la *personne* de notre antagoniste le plus déclaré?

J'admets qu'on eût pu craindre *les personnalités* dans la discussion ; il fallait me les interdire et autoriser le concours à cette condition ; mais refuser ma preuve de fait par le motif qu'on allègue, c'est laisser croire qu'on manque de bonnes raisons, puisqu'on en donne une si mauvaise.

A ne lire que votre réponse, on croirait vraiment, Monsieur le Ministre, que j'ai demandé ma part de votre budget, et que vous avez voulu éconduire en moi quelque pétitionnaire avide. Je m'étais pourtant nettement expliqué, au commencement et à la fin de ma lettre. J'ai demandé, non qu'on adoptât *de confiance* la théorie de Galin, mais que ses résultats fussent comparés à ceux de l'enseignement usuel. J'ai proposé de faire *sans indemnité*, le sacrifice de mon temps et de mes sueurs. Recevriez-vous si rarement de ces sortes de propositions que vous n'ayez pu croire à un semblable dévouement? Je n'aurais eu qu'un tort, dans cette hypothèse, celui d'avoir négligé de rendre ma sincérité vraisemblable, en formulant ainsi ma demande : « Aimé Paris sollicite la direction du Con-
« servatoire royal de Bruxelles, avec un traitement annuel de cinquante
« mille francs. » On aurait compris.

J'ai l'honneur d'être avec respect,

Monsieur le Ministre,

Votre très-humble et très-obéissant serviteur,

Aimé PARIS.

Bruxelles, 25 août 1844.

Le Conservatoire de Gand, après *deux délibérations* de sa commission de surveillance, refusa, le 9 septembre 1842, l'essai comparatif proposé entre ses élèves, comptant quatre années d'étude, et environ soixante-dix enfants qui avaient reçu quatre-vingts leçons d'après la méthode de Galin, et cela, sans comprendre le français, sous ma direction à moi, qui ne parle pas le flamand !

Sur ma demande, la régence d'Anvers a délégué MM. Aerts et Bessems, professeurs de musique dans cette ville, pour lui rendre compte des épreuves subies publiquement par mes élèves, le 8 octobre 1843. Instruit du nom de ces délégués, j'ai prié MM. Aerts et Bessems de fournir eux-mêmes, séance tenante, *tous les matériaux des épreuves*; ils l'ont fait ; le succès a été complet; un rapport a été adressé par eux à la Régence; j'en ai demandé la copie, par deux lettres adressées à M. Legrelle, bourgmestre d'Anvers, le 7 et le 21 novembre 1843. Pour obtenir ce document, j'ai fait, le 7 novembre 1843, un appel à la loyauté de MM. Aerts et Bessems ; mes trois lettres sont restées sans réponse !

A Liége, il y a, comme à Bruxelles, un Conservatoire *royal*. Là, j'ai cru, pendant quelque temps, que la comparaison pourrait enfin être faite. La Régence de cette ville avait répondu par une lettre d'acceptation à des propositions d'essai comparatif que je lui avais adressées, d'accord avec M. Daussoigne-Méhul, directeur du Conservatoire royal. Cent cinquante enfants, pris dans les quatre écoles communales de Liége, me sont confiés ; on constate leur ignorance complète en musique; on accepte les listes dressées par les instituteurs en chef, qui assistent aux leçons ; et, lorsque j'annonce que, sur les cent seize enfants qui ont suivi les 80 leçons avec assiduité, j'en peux présenter au moins CENT TROIS pour lutter contre des adversaires qui ont trois ou même quatre ans d'étude par la méthode du Conservatoire, la Régence, craignant sans doute de fournir des armes au Conservatoire de Bruxelles, qui voudrait être le seul en Belgique, descend jusqu'à un odieux mensonge, en déclarant qu'elle n'a entendu que me donner des enfants à instruire, et nullement me *promettre un concours*, lorsque ma lettre de demande ne contient que des *énonciations* INDIVISIBLES, et que la réponse des autorités liégeoises, en acceptant *sans aucune restriction*, a fait de ce concours la seule indemnité d'un enseignement qui, loin d'être seulement *gratuit*, doit être ONÉREUX pour moi. La lenteur mise à accepter mes propositions m'avait condamné à supporter les charges d'un mois entier de séjour, après la clôture de mon autre cours !

Les journaux de Liége du 21 et du 22 mars 1845 ont qualifié sévèrement cette infamie de l'administration communale. J'ai quitté Liége, douze jours après la publication de ces articles, auxquels j'étais complètement étranger, et après une énergique réclamation signée de moi. La Régence n'a pas fait imprimer un mot de réponse ; elle a reculé devant la crainte de la publicité accablante des lettres officielles dont j'étais possesseur.

Cette accusation de lâcheté et de mauvaise foi contre l'administration communale d'une grande ville paraîtrait incroyable, si je ne rendais pas publiques mes propositions, la lettre qui les accepte et le refus d'ordonner le concours. J'ignore si la Régence de Liége réclamera, cette fois, contre l'indignité qui lui est attribuée ; si elle le fait, mes pièces justificatives sont loin d'être épuisées : je lui tiendrai compte, dans une réplique, de ce que la nature de la communication que je t'adresse me force à éliminer. Il y aura récidive ; la peine devra être plus forte et le fer plus rouge.

A Monsieur le Bourgmestre et à Messieurs les Échevins de la ville de Liége.

Liége, 22 novembre 1844.

Monsieur le Bourgmestre,

La bienveillance avec laquelle vous m'avez accueilli m'encourage à vous soumettre un projet dont l'exécution doit montrer s'il y a une route plus sûre et plus rapide à ouvrir, ou bien si, faute de mieux, il faut se résigner à laisser l'enseignement élémentaire de la musique suivre les voies dans lesquelles il a marché jusqu'à présent.

Mes vues sont de tout point conformes à celles de M. le directeur du Conservatoire royal de Liége. Non-seulement cet honorable fonctionnaire n'a pas opposé à des idées nouvelles la résistance que j'ai rencontrée ailleurs ; mais *il a exprimé le désir que des expériences concluantes lui permissent de se convaincre de la puissance pratique d'une méthode dont la base lui semble rationnelle et solide.*

Déjà, sous ses yeux, j'ai commencé à développer le système, dans le cours qui vient de s'ouvrir ; mais la nature de l'auditoire que j'ai réuni laisserait douteuse la mesure de l'efficacité réelle de nos procédés. Parmi mes disciples, il se trouve plusieurs personnes qui ont déjà, soit reçu des notions de musique, soit exercé leur voix. On pourrait ne pas reconnaître avec assez d'évidence, dans les résultats ultérieurs, la part qui appartiendrait à des essais précédents.

Il importe donc d'expérimenter sur des intelligences absolument neuves, et j'espère être aidé par vous, Monsieur le Bourgmestre, pour me procurer les éléments d'une preuve que tous les bons esprits attendent avec impatience.

Je suis prêt à commencer et à conduire jusqu'au terme de quatre-vingt leçons, d'une heure et demie chacune, un cours *gratuit* où ne seront admis que des élèves des écoles communales, placés dans les conditions suivantes :

1° Ils seront âgés de sept ans au moins et de douze ans au plus.

2° Ils n'auront jamais reçu de leçons de musique.

3° Ils seront en état d'imiter avec la voix une série de cinq sons, partant d'une tonique quelconque pour aller jusqu'à la dominante, par exemple : *ut, ré, mi, fa, sol*, ou *sol, la, si, ut, ré*, ou *ré, mi, fa dièse, sol, la*, etc.

4° Un quart des élèves sera pris parmi les enfants qui ne savent ni lire ni écrire, ou qui sont le moins avancés sous ce rapport.

5° J'aurai le droit de renvoyer tout élève qui aura manqué à douze leçons sur les quatre-vingts, ainsi que ceux dont la conduite motiverait cet acte de sévérité. *Il vous en sera rendu compte.*

6° J'accepte, à mes leçons, la présence d'un ou de plusieurs délégués de l'administration.

Immédiatement après ma quatre-vingtième leçon (le lendemain, si on le désire), un parallèle sera établi entre ces élèves et ceux qui, depuis un an accompli, ont commencé l'étude du solfège par les moyens usuels. Ceux-ci l'emportant sur les nôtres, toute autre comparaison devient inutile : nos doctrines sont condamnées par ce seul fait. Si, au contraire, nous avons l'avantage, la comparaison s'établira, en prenant pour terme de comparaison les capacités formées par deux ans révolus d'étude, de la part de nos concurrents, et ainsi graduellement d'année en année.

La raison la plus vulgaire exige qu'il soit tenu compte du nombre total des intelligences sur lequel chaque théorie aura pu agir, afin qu'on sache dans quelle proportion sont ses résultats, relativement à la quotité des essais.

Chaque théorie se servira, pour solfier, de la langue qu'elle emploie pour l'étude, c'est-à-dire que les élèves de la théorie usuelle nommeront les notes d'après la clé, et que les nôtres réduiront tout à la langue d'*ut*, et aux noms accidentellement exigés par les modulations.

Les premières expériences consisteront à déchiffrer, *en chantant*, des fragments non modulés, écrits indistinctement, dans tous les tons et sur toutes les clés encore usitées ou employées précédemment.

On augmentera progressivement le nombre des modulations, afin d'arriver au point où une supériorité marquée sera établie en faveur d'une catégorie de concurrents.

Pour savoir si ceux des élèves de l'enseignement usuel qui auront fait preuve de capacité perçoivent consécutivement des intonations absolues, au lieu d'être exclusivement dirigés par le sentiment des rapports proportionnels (*ce qui prouverait qu'ils ont découvert par instinct le mode d'action que recommande Galin*), des fragments modulés leur seront présentés avec la dissémination des accidents caractéristiques, tant du ton fondamental que des modulations, ces accidents étant écrits chaque fois que la même note se présentera dans la même mesure. On n'exigera pas, dans ce cas, que les élèves déchiffrent en observant un rhythme précis ; l'expérience ne devant porter que sur des intonations successives, seuls éléments de la solution de ce problème important.

J'accepte toutes les épreuves supplémentaires qui pourront être proposées à la fois aux élèves des deux théories. Les lumières et la loyauté de M. Daussoigne ne me permettant, à cet égard, aucune arrière-pensée, ni aucun luxe de précautions.

Une COMMISSION d'hommes compétents NOMMÉE PAR L'AUTORITÉ ADMINISTRATIVE, vérifiera les résultats produits des deux parts. Un PROCÈS-VERBAL sera dressé et signé. Deux COPIES CERTIFIÉES seront remises, l'une à M. le DIRECTEUR du CONSERVATOIRE ROYAL, l'autre à moi.

Il doit être bien entendu que cette expérience, faite de bonne foi et dans la seule vue de mettre la vérité hors de discussion, n'emportera, de part ni d'autre, aucune idée fâcheuse sur le zèle ni sur la droiture des intentions. Elle révélera une meilleure direction, ou bien elle confirmera la préférence accordée jusqu'ici aux procédés ordinaires. Je renonce d'avance et formellement à réclamer contre le fait, s'il est en faveur de la méthode ancienne. Vainqueur, je refuserais positivement tout emploi salarié au Conservatoire royal de Liége. Je mettrais, en cas de prolongation de mon séjour, mon expérience et mes conseils au service des professeurs de cet établissement, me trouvant assez dédommagé par la consécration donnée à nos doctrines.

Il serait à désirer qu'on pût placer, en outre, la comparaison sur le terrain d'une COMPLÈTE ÉGALITÉ, en faisant instruire, d'après l'ancienne méthode, un nombre d'enfants pareil à celui dont je me chargerais. On pourrait, de la sorte, mesurer les effets d'un *nombre semblable* de leçons de la *même durée*, données aux *mêmes intervalles*, à des élèves de la *même condition*, placés dans des *positions identiques*, relativement au temps d'étude. Le Conseil de régence trouverait peut-être un professeur disposé à tenter l'épreuve, si on y attachait une indemnité; mais si le budget de la ville ne permettait pas d'y affecter des fonds suffisants, il est à craindre que ce concours soit refusé. Peut-être l'administration pourrait-elle imposer cette contre-vérification à M. le professeur de solfége du collége communal, puisque *l'autre est déjà acceptée par les hommes recommandables qui enseignent au Conservatoire royal*; c'est une question qu'il m'appartient tout au plus d'indiquer.

J'ai l'honneur d'être avec respect, Monsieur le Bourgmestre,

Votre très-humble et très-obéissant serviteur,

AIMÉ PARIS.

La commission de surveillance de Bordeaux m'avait donné de l'expérience; on voit que j'avais profité de la leçon, et que je ne voulais plus m'en rapporter à un engagement verbal. Avant d'envoyer cette lettre à la Régence, j'en avais donné lecture à M. Daussoigne-Méhul, directeur du Conservatoire royal de Liége, en présence d'un auditeur que le hasard avait amené chez lui, M. Destrivaux, l'un des professeurs les plus distingués de la faculté de droit de Liége. M. Daussoigne avait accepté ma rédaction comme posant nettement les bases de l'expérience comparative. Il était bien et duement averti qu'un concours était proposé, que le Conservatoire en acceptait le principe et l'exécution, et je ne pouvais pas supposer que M. Daussoigne, qui doit connaître la hiérarchie administrative, n'ait pas voulu m'avertir des obstacles de forme que je pourrais rencontrer. Je m'enlevais tout moyen de retraite; il devait en être de même du côté de l'établissement engagé dans la lutte.

La Régence ne peut être accusée d'avoir agi à l'étourdie. Mes propositions lui sont remises le 22 novembre; depuis, j'ai écrit deux fois, pour avoir une solution. C'est seulement le 9 décembre qu'elle me répond, *sans faire aucune réserve.*

Le collége des bourgmestre et échevins à M. Aimé Paris, professeur, hôtel de Belle-Vue.

Liége, le 9 décembre 1844.

MONSIEUR,

Nous avons l'honneur de vous informer, en réponse à votre lettre du 8 de ce mois, que M. Lemoine, inspecteur de l'enseignement primaire et professeur au collége communal, a bien voulu se charger, de concert avec MM. les instituteurs en chef de nos écoles primaires, *d'organiser l'essai musical* qui fait l'objet de votre lettre du 22 novembre dernier.

Veuillez, en conséquence, Monsieur, vous mettre en relation avec ce fonctionnaire, *auquel nous avons donné les instructions nécessaires.*

M. Lemoine est domicilié rue Jonfosse, N° 45.

Agréez, Monsieur, l'assurance d'une parfaite considération.

Le Bourgmestre,   Par le Collége : *Le Secrétaire,*

PIERCOT.   FALLIZE.

Je me mis, le jour même, en rapport avec M. Lemoine, qui avait reçu *les instructions de l'autorité*. Je lui dis avec quelle satisfaction je voyais enfin devant moi la perspective d'un *concours assuré*. Il me conduisit visiter l'école du Nord, pour savoir si l'emplacement me conviendrait ; je n'élevai aucune objection, et il fut convenu que le cours commencerait le lundi 16 décembre.

L'inspecteur des écoles primaires procéda à mon installation, devant près de vingt instituteurs en chef, ou sous-maîtres des quatre écoles ; j'annonçai qu'il s'agissait d'un *concours*, et, comme s'il avait été dit que tout dût contribuer à dissiper toute équivoque sur le but de cette tentative, le lendemain, 17 décembre, le *Journal de Liége* contenait l'article suivant, répété le 23 décembre par la *Démocratie pacifique*.

« Une expérience intéressante a commencé hier lundi : M. Aimé Paris a donné première leçon d'un cours gratuit fait simultanément pour 143 enfants, parmi lesquels 28 ne savent pas lire. L'école communale du Nord fournit 43 élèves, celle de l'Ouest 34, celle de l'Est 34, et celle du Sud 32. Leur âge se répartit comme il suit : Moins de 8 ans, 15 élèves ; de 8 à 9 ans, 14 ; de 9 à 10 ans, 18 ; de 10 à 11 ans, 33 ; de 11 à 12 ans, 55 ; âgés de moins de douze ans, mais dont l'âge n'est pas exactement connu, 8.

Aucun de ces élèves n'a reçu de notions musicales. *Ils doivent* être comparés, après 80 leçons seulement, *avec d'autres élèves* qui auront été instruits, *pendant un temps beaucoup plus long*, par les procédés *usuels*.

Notre conseil communal a mis beaucoup d'empressement à fournir *les éléments de ce parallèle*, dont le résultat ne peut qu'être avantageux, en ce sens qu'il fera voir si la méthode ordinaire est suffisante, ou s'il en existe une qui atteigne plus promptement et plus sûrement le but. »

Cet article ne fit pas jeter les hauts cris à la Régence de Liége et au Conservatoire. On ne réclama, de part ni d'autre, contre le CONCOURS annoncé; bien plus, on envoya, six semaines après, à M. Lemoine, l'invitation de présenter un rapport sur les progrès faits jusqu'à ce moment par les élèves. M. Lemoine assista à une des leçons; il indiqua plusieurs des expériences à faire, et il adressa son rapport à la Régence. Près d'un mois avant la clôture présumable des quatre-vingts leçons, je dépose, le 1ᵉʳ mars (et non le 3, comme le dit par erreur la lettre que je vais reproduire), une demande ayant pour objet de provoquer la nomination des membres du jury d'examen, et d'accepter une responsabilité plus large, en admettant pour concurrents les élèves du collège communal, indépendamment de ceux du Conservatoire.

Ce n'est pas à moi qu'on répond; la réponse est même faite avec une lenteur qui doit avoir ses motifs. Le 10 mars seulement, neuf jours après le dépôt de ma lettre, on écrit à M. Lemoine, inspecteur de l'enseignement primaire :

Liége, le 10 mars 1845.

MONSIEUR,

Par lettre du 3 mars courant, M. Paris demande que le concours proposé par lui, le 22 novembre dernier, et que nous aurions accepté par notre lettre du 9 décembre suivant, soit organisé pour le 21 mars.

Ce concours, d'après son désir, devrait être ouvert, d'une part, entre les élèves des écoles primaires auxquels nous l'avons autorisé à enseigner la musique d'après sa méthode, et d'autre part entre les élèves du Conservatoire et ceux du pensionnat du collège communal.

Nous avons l'honneur de vous prier de faire, en premier lieu, observer à M. Paris que, par notre lettre du 9 décembre, *nous n'avons entendu que mettre à sa disposition un certain nombre d'élèves de nos écoles; qu'il n'est nullement entré dans notre pensée de nous charger d'organiser les moyens comparatifs des deux méthodes rivales*, et en second lieu qu'il nous semble tout-à-fait rationnel de s'adresser, à cet effet, à M. le directeur du Conservatoire royal de musique de notre ville, qui, seul, est en mesure de lui donner satisfaction, si toutefois il juge la chose convenable et utile aux progrès de l'art musical.

Le Bourgmestre,   Par le Collège : *Le Secrétaire,*

PIERCOT.   FALLIZE.

A la lecture de cette lettre qui me fut communiquée par M. Lemoine, je compris les véritables causes du retard de la réponse. Il y avait, dans cette manière de me faire signifier par un tiers ce qu'on pouvait m'écrire directement, un oubli complet des lois de la bienséance ; mais je ne voulais point, en m'arrêtant à des questions de susceptibilité, perdre un temps précieux et compromettre la position.

J'avais averti, dès le 2 mars, M. Daussoigne de l'envoi de ma lettre. Il m'avait dit, dans cette entrevue, que, depuis le 22 novembre, il n'avait pas été question, entre la Régence et lui, du concours convenu. L'opinion publique s'était pourtant émue de l'annonce faite le 17 décembre par les journaux de Liége ; il est au moins étrange que les magistrats municipaux, dans leurs rapports avec M. le directeur du Conservatoire, n'aient pas abordé ce futur contingent. M. Daussoigne me l'a déclaré ; j'ai tant de confiance dans sa parole, que je n'hésite point à accepter le fait comme réel. Toutefois, je dois témoigner ici mon étonnement de ce silence, afin qu'on ne me croie pas si peu habitué à rapprocher les faits, pour en déduire les conséquences, que je n'aie pas remarqué une bizarrerie qu'expliqueraient difficilement ceux qui ne croiraient pas, comme moi, à la loyauté sans réserve de M. Daussoigne. Je ne peux oublier que le cours ouvert en dehors des écoles communales a été fait, EN ENTIER, dans une des salles du Conservatoire, sous les yeux de M. Daussoigne lui-même, et que, pendant toute la durée de mon séjour à Liége, plusieurs personnes, je ne sais pourquoi, ont paru surprises de la bienveillance qu'elles remarquaient dans les relations de part et d'autre. Celles-là s'étonneront peut-être de ce que l'honorable directeur du Conservatoire de Liége, plus au courant que moi des obstacles que la double hiérarchie de Liége et de Bruxelles pouvait opposer à la réalisation d'un parallèle DONT IL AVAIT INDIQUÉ LES ÉLÉMENTS, n'ait pas songé à me faire connaître ces obstacles, ou à les surmonter sans m'en rien dire ; que le 13 mars l'ait trouvé exactement au même point que le 22 novembre. Moi qui ne suppose jamais chez les autres ce dont je serais incapable moi-même, je ne croirai point, à moins de preuves dix fois évidentes, que M. Daussoigne ait joué un rôle peu convenable dans cette affaire, honteuse pour la Régence de Liége. Ma confiance en sa sincérité a toujours été si grande, que je n'ai nullement insisté pour avoir une réponse écrite aux deux lettres suivantes que je lui adressai sous la même enveloppe.

PREMIÈRE LETTRE.

Liége, 13 mars 1845.

Mon cher Monsieur Daussoigne,

La Régence, dont je ne comprends pas bien les scrupules, me condamne à vous écrire dans un style officiel qui n'accorde rien aux sentiments personnels. Je ne veux pas que la lettre *d'affaires* vous arrive sans correctif, et je m'empresse de vous assurer de nouveau que je suis pénétré d'une vive et sincère reconnaissance pour tout ce que vous m'avez témoigné de bienveillance.

Vous m'avez indiqué les conditions dans lesquelles je devais prendre mes élèves, pour que le parallèle fût une chose significative. J'ai soumis à votre appréciation ma lettre du 22 novembre, contenant mes propositions au Conseil de Régence. Il faudra, pour que la comparaison ne soit pas faite le 21 mars, lendemain de ma quatre-vingtième leçon, que votre volonté rencontre des obstacles contre lesquels elle lutterait vainement. Fasse le Ciel qu'il en soit autrement ! Toutefois, si vous ne pouvez vaincre les résistances, j'aurai la certitude que, s'il avait dépendu de vous, l'expérience aurait été faite, et je vous prie d'être bien assuré que je ne conserverai, à cet égard, aucune arrière-pensée.

Je serai tout à l'heure votre très-humble et très-obéissant serviteur; permettez-moi d'être, ici et plus tard,

Votre tout dévoué, AIMÉ PARIS.

DEUXIÈME LETTRE.

A Monsieur le Directeur du Conservatoire royal de Liége.

Liége, 13 mars 1845.

Monsieur le Directeur,

M. l'Inspecteur des écoles primaires me communique une réponse du Conseil de Régence qui m'invite à m'adresser à vous, pour obtenir, le 21 mars, lendemain de ma quatre-vingtième leçon, la comparaison de mes élèves et de ceux qui suivent l'enseignement usuel, depuis un an révolu, jusqu'à trois et même quatre ans.

Les épreuves à faire sont déterminées dans ma lettre du 22 novembre dernier, *que j'ai eu l'honneur de vous soumettre avant de l'expédier à l'Hôtel-de-Ville*, et dont un extrait vous est adressé sous ce pli. Je m'en réfère à son texte, et je viens vous prier de vouloir bien prendre les mesures nécessaires pour *hâter l'examen comparatif* et me rendre la liberté de sortir d'une situation qui, sous plus d'un rapport, me cause un grave préjudice.

J'ai l'honneur d'être, avec une considération distinguée, Monsieur le Directeur, votre très-humble et très-obéissant serviteur, AIMÉ PARIS.

L'extrait envoyé à M. Daussoigne commençait à ces mots de ma lettre du 22 novembre : *Immédiatement après ma quatre-vingtième leçon (le lendemain si on le désire)*, etc., il contenait tout ce qui suit, jusqu'à ces mots : *Deux copies certifiées seront remises, l'une à Monsieur le directeur du Conservatoire royal, l'autre à moi.*

M. Daussoigne me lut, le lendemain, une lettre qu'il avait adressée au conseil de régence, pour faire savoir qu'il ne pouvait agir sans les ordres de l'autorité supérieure, et pour demander si on lui donnait l'ordre d'organiser le concours. Je n'ai pas appris que l'administration lui ait répondu.

Demander à M. Daussoigne une copie de sa lettre, *quand il ne me l'offrait pas,* m'aurait paru l'effet d'une défiance injurieuse. Je m'abstins.

M. Daussoigne, dans son désir de me prouver sa sincérité, me proposa un arrangement dont il comprit sans peine l'inutilité, rien de ce qui n'allait pas directement au but ne pouvant convenir ni à lui ni à moi.

Repoussé par la Régence, du côté du Conservatoire, j'insistai près d'elle, par une lettre du 14 mars, et comme conséquence de celle du 1er mars, afin d'obtenir, du moins, comme adversaires, les élèves de solfège du collège communal, DÉPENDANT EXCLUSIVEMENT DE LA VILLE. Je demandais une *prompte* réponse. Une lettre portant la date du 19 mars et contenant un refus, mit plus de vingt-quatre heures à arriver de l'Hôtel-de-Ville à ma demeure, où elle fut remise précisément à l'heure où, en terminant ma quatre-vingtième leçon, à l'école du Nord, je prenais congé de mes élèves et leur annonçais qu'on n'avait pas même daigné me répondre.

Le *Journal de Liége* du 21 mars 1845 fait précéder des réflexions que je conserve ici, la lettre par laquelle j'ai donné de la publicité au refus de concours :

« Nous voyons avec regret par la lettre suivante, que nous adresse M. Aimé Paris,
« qu'on refuse d'accepter l'épreuve loyale qu'il avait proposée entre les élèves du Conser-
« vatoire, comptant deux années de solfége, et les élèves des écoles communales de Liége,
« auxquels le disciple de Galin a consacré gratuitement 80 leçons.

« Nous ne connaissons pas les causes de ce refus, que nous devons blâmer, puisque
« la lutte qui devait s'établir était de nature à faire connaître la supériorité de l'une ou
« de l'autre méthode. Mais quelle que soit cette cause, elle ne pourra trouver sa justifi-
« cation aux yeux des hommes sensés.

« Il est, du reste, pénible de voir qu'un professeur qui a donné gratuitement des leçons
« à une centaine d'enfants de la ville, pendant trois mois, dans l'espoir d'arriver à un
« concours qui fixe l'opinion sur le mérite de sa méthode, il est pénible, disons-nous,
« de voir que M. Aimé Paris, *qui avait mentionné formellement ce concours dans*
« *l'offre qu'il adressait à la Régence,* soit trompé dans son attente, et qu'après avoir

« sacrifié temps et argent dans notre ville, qu'après avoir, en un mot, donné un cours
« gratuit aux élèves de nos écoles communales, il ne puisse pas obtenir la seule récom-
« pense qu'il attendait de ses soins et de ses travaux.

« Nous le disons avec franchise : on a agi peu convenablement envers M. Aimé Paris,
« dont nous ne jugeons pas ici la méthode : et si l'on ne pouvait, ou si l'on ne voulait pas
« accepter l'épreuve *sous la foi de laquelle il a ouvert, poursuivi et achevé son cours*
« *gratuit*, il fallait l'en prévenir d'avance. »

AU RÉDACTEUR.

Liége, le 21 mars 1845.

MONSIEUR ,

Je ne peux qu'approuver de tout point la note contenue dans votre journal d'hier et les réflexions que vous y avez jointes.

Mes efforts, pour arriver à une comparaison loyale et concluante, ont été inutiles. On m'oppose des exceptions de procédure , après avoir accepté mes propositions, qui me livraient, sans réserve, aux conséquences désastreuses d'une défaite.

Votre journal ne pourrait m'accorder assez de place pour l'exposition des faits et pour la reproduction des pièces justificatives. Je me borne à déclarer que, jusqu'au dernier moment , je suis resté prêt à présenter mes élèves au concours. Je traiterai ailleurs la question de convenance et de légalité (1).

Refuser la preuve de fait, c'est rendre un fort mauvais service aux théories qu'on voudrait conserver. N'est-il pas à craindre que le public, réduit à se décider seulement par des raisons de probabilité, n'attribue la présomption de puissance et de vérité à nos doctrines, en voyant qu'elles courent au-devant de l'examen, au lieu de se réfugier derrière des fins de non-recevoir, acceptables tout au plus à l'égard d'une épreuve qu'on propose, mais inadmissibles, à coup sûr, quand l'épreuve a été acceptée *sans restrictions*, et qu'il ne s'agit plus que d'en vérifier les résultats ?

Pour tous les hommes de bonne foi, il sera établi que j'ai insisté, *par écrit*, trois fois depuis le 1er mars , pour obtenir, en dehors de tout mesquin débat de personnes, un parallèle qui était la conséquence forcée de l'acceptation de mon programme du 22 novembre, accepté le 9 décembre, après *dix-sept jours de réflexions*. Ce programme déterminait la *nature des épreuves* devant une *commission* nommée par L'AUTORITÉ ADMINISTRATIVE ; un *procès-verbal dressé et signé*, une *copie certifiée*, délivrée à chaque partie intéressée, etc.

Ce n'est point par mon fait, c'est contre ma volonté que le concours ne se réalise pas. Pourquoi l'éluderait-on, si l'on croyait qu'il doit justifier l'enseignement usuel du reproche d'insuffisance ?

Agréez, etc.

AIMÉ PARIS.

Cet article et cette lettre sont restés sans réponse ; j'étais encore à Liége le 2 avril !

---

(1) Je remplis ici cet engagement.

Le lendemain de cette publication, ne voulant pas que mon départ fût pris dans le sens d'une désertion, j'adressai, après l'avoir lue à plusieurs personnes, la lettre suivante à un homme aussi distingué par l'étendue de son esprit que par l'élévation de son caractère.

A Monsieur Renard-Collardin, à Liége.

MONSIEUR,

Il est à craindre qu'après mon départ de Liége, une opposition qui, moi présent, ne s'est pas plus distinguée par sa loyauté que par son courage, ne profite de mon absence pour essayer de répandre de nouvelles calomnies. Veuillez accepter un mandat que j'aurais confié à un autre, si je connaissais à Liége quelqu'un qui eût plus de droiture que vous.

Dites hardiment, écrivez, imprimez que je suis prêt à recommencer à Liége l'expérience comparative qu'on a rendue impossible.

Qu'on fasse disparaître les exceptions d'incompétence, que le concours soit une chose certaine, et, quelque part que je sois, je ne prendrai que le temps de terminer le cours que je ferai.

Je reviendrai à Liége, je supporterai tous les frais de mon séjour et je remplirai toutes les conditions de mon programme du 22 novembre.

Une somme de quatre mille francs sera déposée chez un notaire, avec stipulation formelle que, vainqueur ou vaincu dans le concours, je n'y aurai aucun droit ; mais que si, par un motif indépendant de ma volonté, le concours est éludé ou refusé, cette somme m'appartiendra, comme juste indemnité.

Je désire vivement que cette proposition soit acceptée ; il m'en coûtera fort cher ; mais je ne regretterai pas mon sacrifice, si je peux ainsi réduire à confesser leur insuffisance, ceux qui opposent au progrès leur entêtement et leur incapacité. Leur nombre n'a rien qui m'effraie. Cent mille dénégations ne feront pas que cinq multiplié par quatre donne TRENTE pour produit.

Veuillez recevoir mes remercîments et ne pas perdre de vue la mission que je vous ai confiée.

Agréez l'expression de ma considération la plus distinguée.

Liége, 22 mars 1845.

AIMÉ PARIS.

Cette lettre, mon ami, n'est pas seulement une pièce justificative ; elle établit le principe des garanties que nous devons exiger, avant de nous livrer dorénavant à de longs travaux, sur la foi d'une parole que nous croirions sacrée comme la nôtre, ou d'un texte dans lequel on aurait évité à dessein d'être explicite, pour se ménager la ressource d'un sous-entendu élastique.

La duplicité de la Régence de Liége ne peut figurer que comme épisode dans les documents que je t'adresse ; il faut donc s'abstenir de donner plus de développement à l'examen de son odieuse conduite. On ne peut l'excuser par la précipitation avec laquelle on a accepté d'abord, puisque j'en avais déjà parlé au bourgmestre *avant le 1ᵉʳ novembre*, lorsque M. Renard-Collardin avait bien voulu me servir d'introducteur, et puisqu'on a réfléchi pendant *près de trois semaines*, du 22 novembre au 9 décembre. Il y a plus : dès le 8 octobre, le *Journal de Liége* avait appelé l'attention de la Régence, par les lignes suivantes : « Il paraît que « M. Paris proposera d'enseigner *gratuitement* un certain nombre d'élèves « des *écoles* COMMUNALES, afin de mettre plus en relief les résultats de « sa théorie COMPARATIVEMENT A CEUX que produisent jusqu'ici « les méthodes surannées. » Il y avait donc *juste* deux mois, le 9 décembre, que la Régence de Liége pouvait s'occuper de la question.

Qui croira, en outre, que le bourgmestre et les échevins de Liége n'avaient pas l'habitude d'examiner les textes ? Sur les cinq membres du conseil de Régence, on comptait, le 22 novembre, *un avoué, un notaire et deux avocats !*

Liége a vu naître Grétry. Le neveu de ce compositeur crut, il y a quelque vingt ans, faire une chose agréable aux magistrats de cette ville, en leur offrant le cœur de leur illustre compatriote. Sa proposition, je dois le dire, fut accueillie tout d'une voix, et le bourgmestre lui répondit une lettre de remercîment, en l'engageant à faire parvenir promptement *l'objet en question, convenablement emballé, et franc de port*. L'administration de Liége est en progrès ; celle d'autrefois n'était que stupide ; on a fait mieux en 1845.

J'ai trouvé, en Belgique, de chaleureuses sympathies chez tous mes auditeurs ; j'y ai reçu des preuves d'affection et de dévouement, dont le souvenir me sera éternellement précieux. J'y compte parmi mes amis beaucoup de nobles cœurs et de belles intelligences ; loin de moi donc toute idée de les blesser dans leurs susceptibilités d'esprit national ; mais après avoir en vain essayé, pendant quatre ans, de faire comprendre des idées vraiment utiles, par l'administration de leur pays, je peux dire que je me suis éloigné sans trop de regret d'un pouvoir qui m'a fait moins d'accueil que n'en reçoivent de lui des notaires français, *prudemment* transplantés, au moment où ils éprouvent quelque embarras à rendre compte des dépôts qu'on leur a confiés.

J'arrive à Metz le 3 avril 1845. Là, vient se jeter sur ma route le chatouilleux directeur de l'Ecole de musique, *succursale du Conservatoire royal de France*. Il déclare, dans les journaux, avant même que j'aie fait une seule séance préparatoire, que si, partout, on a refusé le concours, il sera *toujours* prêt, *lui*, à l'accepter.

Enfin, je crois toucher au terme de mes vœux; voilà un adversaire qui ne peut pas dire avoir *mal compris* mes propositions, puisque l'initiative vient de lui. Je fais remarquer, dans une première réplique, l'impossibilité actuelle où je suis de produire des résultats, le cours n'étant pas encore ouvert, et je promets qu'avant peu je serai prêt à aborder la comparaison.

Deux mois se passent. A peine arrivé aux deux tiers de mon enseignement, je rappelle au directeur de la succursale du Conservatoire, toujours royal, la provocation qu'il a adressée à nos doctrines. Je lui propose, *en lui laissant un mois entier pour s'y préparer*, une expérimentation plus complète encore que partout ailleurs. Cette fois, ce ne sont pas seulement les progrès des élèves respectifs qu'il s'agit de mesurer. J'ose élever des doutes sur les études analytiques du directeur de la Succursale, et l'inviter à traiter contradictoirement avec moi les raisons déductionnelles de la préférence à accorder à chaque mode d'enseignement. Je pousse l'outrecuidance jusqu'à soutenir que les signes de la notation usuelle sont si détestables, que lui, musicien exercé et compositeur qui a beaucoup produit, ne lira pas *couramment* des exemples dont les analogues se trouvent dans les œuvres modernes. Enfin, je pose les bases d'un concours entre ses disciples et les miens, lui déclarant que, s'il refuse le combat, lui, le provocateur, *je ferai faire devant un jury d'examen, par mes jeunes élèves, tout ce qui aurait dû être offert comme épreuve, dans le concours qu'il aura éludé.*

Ainsi renfermé dans le cercle de Popilius, M. Desvignes, c'est le nom du champion des anciennes doctrines, manœuvre si habilement, qu'il se fait interdire, par la mairie de Metz, la faculté de disposer, pour un concours, des élèves de l'école municipale, sans en avoir obtenu l'autorisation de qui de droit et notamment du Conservatoire royal de Paris.

Averti par une lettre du maire, j'écris à M. Auber, *directeur du Conservatoire royal* de Paris et au ministre de l'intérieur, pour faire ordonner promptement le concours. Ni l'un ni l'autre ne me répondent; mais après huit jours de réflexions, la mairie me notifie son opposition au concours, et m'invite, si je le trouve utile, à me présenter devant la commission de surveillance de la Succursale de Metz, laquelle, le 28 juin 1845, a consigné dans son procès-verbal qu'elle est prête à *m'écouter avec une scrupuleuse attention et avec le grand désir de s'éclairer de mes lumières.*

Devinerais-tu, mon ami, ce que désirait *écouter* la commission de surveillance et quelles *lumières* elle attendait pour s'*éclairer*? Le secret n'a pas été si bien gardé que *trois* de ses membres n'aient dit à *trois personnes différentes* de qui je le tiens, que, si j'avais comparu devant la commission, au lieu d'adresser au maire un refus motivé, on m'aurait invité, en me présentant quelque air à roulades, à soutenir de vigoureux *ut* de poitrine et à prouver que mon *ramage se rapportait à mon plumage*, ce qui aurait jeté indubitablement de grandes *lumières* sur la question *didactique*.

On alla plus loin. Quelques mauvaises langues disent, à Metz, que la création de l'école de musique aurait été décrétée moins facilement, si un honorable fonctionnaire avait donné, dans ses salons, moins de concerts organisés avec un désintéressement méritoire, par un des artistes de cette ville. Il y a beaucoup d'union, à Metz, parmi les membres du parti libéral, et, soit sympathie de croyances politiques, soit tout autre motif, il est de fait que les chefs de l'opposition portent à M. Desvignes un intérêt assez vif pour que l'un d'eux ait consenti à venir *chez moi, lui second*, me faire entendre *très-clairement* que la vulgarisation des pièces relatives au refus de concours pourrait entraîner des *conséquences personnelles* qu'il vaudrait mieux éviter, en calculant la portée de ma publication. Je pris en grande considération cet avis charitable : *l'émission des documents fut avancée de deux jours.*

Il importe de te faire connaître en détail les bases de la triple expérimentation offerte à M. Desvignes et *refusée* par lui, même dans *les deux parties pour lesquelles il n'avait en aucune façon besoin des élèves que la mairie lui défendait d'exposer à une défaite.* Je crois que ce doit être, à l'avenir, *plus l'harmonie*, le programme des vérifications que nous aurons à demander à nos antagonistes, *en ce qui concerne l'étude élémentaire.* Sommons-les de prouver à la fois *qu'ils savent et qu'ils peuvent instruire.*

Je peux supprimer, sans inconvénient, le préambule et la fin de mes propositions à M. Desvignes, ainsi que plusieurs explications que je lui donnais, pour justifier l'opportunité de chaque espèce de vérification. Ceux qui tiendront à connaître le manuscrit dans son entier pourront s'adresser à M. Auber, directeur du Conservatoire royal de Paris ; il en possède une copie *complète*, transcrite par M. Mouzin, professeur à l'école municipale de Metz : il doit l'avoir reçue du 20 au 30 juillet 1845. Il a répondu qu'il ne fallait pas concourir. Trouvait-il que nous proposions trop ou trop peu ? Plus heureux que moi, tu as vu M. Auber ; qu'en penses-tu ? (1)

---

(1) Je le dirai bientôt. — ÉMILE CHEVÉ.

PREMIÈRE SÉRIE D'ÉPREUVES.

Justification de la capacité de l'homme enseignant.

1. Le signe écrit parle-t-il à l'intelligence du chanteur de la même manière qu'aux doigts de l'instrumentiste ?

2. Le motif qui a fait établir des tubes de longueur différente, pour le cor, et une écriture réduite à une langue typique, ne doit-il pas ordonner d'en agir de même pour la voix ?

3. Peut-on introduire dans la tête du chanteur le souvenir fixe des intervalles fournis par les instruments tempérés ? En d'autres termes, peut-on transformer le cerveau d'un ténor en un clavier à vingt-quatre touches, et ainsi des autres espèces de voix ?

4. Les intonations d'un même chant, quelles que soient les combinaisons harmoniques employées pour l'accompagner, ne sont-elles, dans les divers cas, ni plus ni moins difficiles à produire ?

5. L'enharmonie est-elle praticable pour la voix *seule*, et sans instrument qui l'oblige à tempérer, pour pouvoir exécuter les passages enharmoniques ?

6. Les énonciations *théoriques* doivent-elles, en saine logique, précéder ou suivre l'acquisition *pratique* des faits qu'elles résument ?

7. Quels sont les livres élémentaires, destinés à l'enseignement usuel, où se trouve autre chose qu'une suite d'articles de foi et l'absence complète de tout esprit de déduction ?

8. Un enchaînement rigoureux est-il observé par la méthode usuelle, dans l'exposition des faits ?

9. L'enseignement usuel rend-il l'esprit de l'élève constamment *actif*? les exercices y sont-ils assez nombreux pour qu'il y ait toujours à compter sur l'*imprévu* ? quels sont les livres qui remplissent cette condition ?

10. Est-il raisonnable de se préoccuper des délicatesses de l'exécution, avant que les idées soient entrées dans l'intelligence ?

11. Est-il permis d'employer des noms de *multiples*, pour exprimer des *sous-diviseurs* ?

12. Concilier avec le système tempéré la double nomenclature tant par dièses que par bémols, et surtout le *si dièse* et le *mi dièse*, ainsi que le *fa bémol* et l'*ut bémol*, etc.?

13. Le nom de *fa*, donné à *fa double-dièse*, quand on solfie, et celui de *si*, attribué à *si double-bémol*, n'amènent-ils pas nécessairement à pouvoir se permettre de solfier, en montant ou en descendant, une gamme chromatique et même toute musique possible, avec une seule syllabe, *constamment la même* ?

14. Dans l'hypothèse des sons absolus, le même livre élémentaire peut-il servir sans inconvénient pour l'étude des élèves dont les voix n'ont pas la même étendue ?

15. Concilier avec l'hypothèse des sons *absolus* le nom des notes, restant le même, quand l'accompagnement transpose, pour mettre le chant dans la voix de l'élève ?

16. Comment s'y est-on pris pour chanter, avant l'établissement du diapason et la création des sons *fixes* ?

17. Expliquer comment ceux des acteurs qui ne savent pas la musique peuvent chanter juste, sans posséder les *sons absolus*, s'ils ne se dirigent point par le sentiment des *rapports* ?

18. Démontrer, affirmativement ou négativement, que le système des *relations proportionnelles* est ou n'est pas compatible à la fois avec la fixité invariable des sons de même nom, et avec les variations qu'amène, dans une autre hypothèse, la différence admise entre les intervalles de seconde, nommés un *ton majeur* (d'*ut* à *ré*), un *ton mineur* (de *ré* à *mi*).

19. Faut-il accepter les longueurs de cordes, ou les nombres de vibrations indiqués dans les traités de physique et d'acoustique ?

En cas de négation, quelles longueurs ou quel nombre de vibrations faut-il substituer aux énoncés qu'on repousse, afin d'avoir constamment le même nombre de vibrations pour les sons de même nom dans les différentes gammes ?

20. Examiner s'il y a concordance ou désaccord entre les données de l'acoustique (longueur de cordes ou nombre de vibrations) et le degré d'agrément ou de fréquence des diverses modulations.

21. Faut-il reconnaître une différence entre l'intervalle d'*ut* à *ré* et l'intervalle de *ré* à *mi* ?

22. Les sons de même nom conservent-ils une hauteur identique dans les divers tons ?

23. Démontrer qu'un dièse exige rigoureusement, comme supplément d'acuité à un son quelconque, pris sous une propriété quelconque (tonique, sous-dominante, etc.), la même quantité qu'un bémol demande, comme diminution d'acuité à un son quelconque, pris sous la même propriété.

24. Exposer les faits élémentaires de la théorie, un livre quelconque traitant de cette matière étant ouvert au hasard ; signaler et combler les lacunes laissées par l'auteur, dans l'exposition, l'explication et la coordination des faits.

25. Comment expliquer, dans l'hypothèse des *sons absolus* du système tempéré, le double nom donné par instinct au même son, par ceux qui, capables d'attribuer des noms aux notes qui frappent leur oreille, prononcent, en entendant les notes suivantes, les syllabes placées sous ces notes, et sous-entendent les mots *dièse* et *bémol* ?

Solfié: ut mi sol la sol ut mi la sol

26. Un double nom appliqué à un même son dans le système tempéré, n'autorise-t-il pas des dénominations triples, quadruples, quintuples, etc., pour un même fait de sonorité ?

27. Est-il plus facile de percevoir l'idée d'un son, par intuition directe, quand le signe est complet, que quand il faut faire une abstraction, pour en préciser la signification ?

28. La portée, considérée comme échelle, indique-t-elle avec précision les intervalles, sans un calcul indispensable ?

29. La notation usuelle a-t-elle de la certitude, sous le point de vue du rappel des idées de rhythme et d'intonation ?

30. Le système graphique usuel présente-t-il un signe distinct, et n'a-t-il qu'un signe unique, pour chaque fait ?

31. La notation usuelle (pour la voix) n'est-elle pas tellement défectueuse, sous le rapport de la durée, que, si les barres de mesure étaient supprimées, le calcul de la composition des temps deviendrait d'une extrême difficulté ?

32. La manière dont les syncopes sont écrites, dans le système usuel, n'est-elle pas condamnée par les lois du plus simple bon sens ?

33. Les signes de durée, dans la notation usuelle, sont-ils clairs et précis ?

DEUXIÈME SÉRIE D'ÉPREUVES.

Détermination du degré de clarté de la notation usuelle.

A. La mesure $\frac{3}{4}$ et la mesure $\frac{3}{8}$ ne vous paraissant pas un fâcheux pléonasme, je suis en droit de leur adjoindre le $\frac{3}{16}$, troisième variante de faits identiques ; vous êtes obligé d'accepter sans réclamation les $\frac{12}{2}, \frac{9}{2}, \frac{6}{2}$, conséquences du $\frac{5}{2}$; les $\frac{12}{4}, \frac{12}{16}$, avec leurs dérivés, et bien d'autres encore, parmi lesquels je n'introduirai pas les $\frac{12}{32}$, etc., qui pourtant sont dans l'analogie, mais dont je vous ferai grâce. Il me suffira de joindre à ces changements de mesure, présentés fréquemment dans le même morceau, des changements de ton et de mode, avec leurs accidents disséminés, dans les limites du ton d'*ut double bémol*, à celui d'*ut double dièse*.

B. Dans les mesures à division binaire du temps, vous acceptez sans réclamation les agrégations de signes :

Et vous regardez comme une preuve d'ignorance l'hésitation de l'élève qui ne démêle pas nettement, du premier coup, l'idée rhythmique cachée sous ces formes vicieuses. Vous êtes obligé, dès-lors, d'accepter pour vous, comme problème de lecture, avec les variantes que donne la théorie des permutations, les syncopes de toute autre espèce, telles que

etc., y compris celles du rhythme ternaire. Vous n'en sortirez pas, Monsieur, malgré votre incontestable talent d'exécution et votre longue habitude de la lecture musicale.

Et ne venez pas dire que de telles successions de syncopes enchevêtrées *ne se rencontrent pas*; qu'elles *n'ont pas de sens*; que *cela est inexécutable*. Je transformerai en signes intelligibles ce que vous n'aurez pas su lire, vous, maître de la science, et *je le ferai produire* mieux que vous ne l'aurez fait, par des enfants de huit à douze ans, qui n'ont pas eu plus que vous l'occasion de s'exercer sur ces choses *qui ne se rencontrent pas*.

Notez bien que, dans les successions de syncopes diverses, écrites par moi avec un meilleur système d'écriture, le nombre des signes d'intonation ne sera pas plus considérable que dans ce qui aura été pour vous un écueil; j'emploierai seulement les points de prolongation d'une manière moins vicieuse qu'on ne le fait dans la notation usuelle.

C. Le fractionnement irrationnel des signes de durée est un obstacle à l'acquisition des idées de rhythme nettes et précises. Vous ne reconnaissez pas pour éminemment vicieuse la notation des deux exemples suivants, *littéralement* extraits du *Barbier de Séville* (Rossini) :

Si j'emploie, dans les exemples que je vous soumettrai, le même luxe de dislocation des temps et la même prodigalité de *crochets diviseurs*, vous serez probablement obligé de crier merci avant la sixième mesure, surtout si les changements de clé, la dissémination des accidents et les transitions enharmoniques se mettent de la partie.

D. Votre habitude de grouper des signes isolés mal à propos sera mise à une épreuve consistant à solfier, dans un mouvement lent (métronome ♩ = 76, pour la mesure C, et métronome ♩. = 50, pour la mesure à 12, quatre mesures consécutives, pour lesquelles l'intonation n'offrira aucun embarras, puisqu'on n'y trouvera que les quatre notes *do, si, la, sol*, écrites dans le ton d'ut, et montant ou descendant *toujours* par degrés conjoints, de manière à n'offrir que des intervalles de seconde. De ces quatre mesures, les unes seront *incomplètes*, les autres *pleines*, d'autres *trop remplies*, comme vous pouvez le voir.

Il faudra qu'immédiatement après la seizième oscillation du pendule, vous indiquiez chaque mesure régulière ou défectueuse et la quotité de durée à ajouter ou à retrancher à chacune, pour que les quatre mesures soient égales entre elles, quant à la somme de leurs éléments.

E. Que Meyerbeer, sophistiquant à plaisir les déplorables signes qui inspirent aux partisans de la notation usuelle une si touchante sollicitude, écrive, dans sa romance de *Rachel à Nephtali*, que je copie textuellement :

N'aurais-je pas le droit, puisque vous admettez l'escobarderie qui présente cette transition comme autre chose que le passage de *la bémol* en *ut bémol*, de vous soumettre une idée simple, sous une forme encore plus embrouillée ? Je ne manquerai pas de le faire, et de vous demander de déchiffrer couramment un rébus analogue, celui-ci, par exemple, dont le chant et la mesure sont extraits du *Comte Ory*.

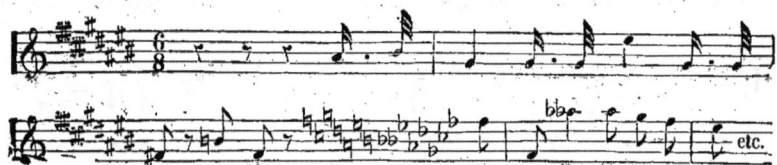

F. Vous permettez à M. Clapisson d'écrire, dans son album de 1839 :

Vous taxerez d'ignorance et d'incapacité celui qui ne trouvera pas sur-le-champ le mot de ce monstrueux logogriphe. Mais, de l'enharmonie qui substitue *la dièse* à *si bémol* (supercherie qui ne doit d'être tolérée qu'aux capitulations de conscience résultant de la création des instruments tempérés), à celle qui pousse plus loin l'abus des signes et le mépris pour le sens commun, il n'y a qu'un pas, et ce pas, je vous inviterai à le franchir, pour des passages tels que celui-ci, qui complique à dessein un fragment de Proch (Op. 36) :

Veuillez remarquer que j'y mets de l'indulgence, car la progression par quintes ne s'arrête ni aux double bémols, ni aux doubles dièses, et je pourrais vous proposer d'aller plus loin, sans qu'il vous fût possible de vous y refuser, en échappant au reproche d'inconséquence.

TROISIÈME SÉRIE D'EXPÉRIENCES.

CONCOURS ENTRE LES ÉLÈVES,

A ouvrir, à Metz, le lendemain des expériences qui précèdent, ou le lundi 28 juillet 1845, si elles sont refusées.

Vous déterminerez le nombre des membres du jury d'examen, lequel, toutefois, ne devra pas être inférieur à huit. La moitié sera choisie par vous et le reste par moi.

Les membres du jury seront seuls juges du nombre des séances nécessaires pour former leur conviction. Ils décideront les questions relatives à l'exécution qui n'auront pas été prévues ici.

Un procès-verbal sera dressé et signé. Nous en recevrons chacun une copie certifiée que nous ne pourrons faire imprimer que dans son entier, et non par fragments.

Les élèves de chaque théorie seront soumis INDIVIDUELLEMENT aux épreuves. Le sort déterminera l'ordre dans lequel ils seront appelés; l'examen sera fait alternativement sur un de vos élèves et sur un des miens.

Dans aucune des expériences faites sur le même objet par vos élèves et par les miens, ceux-ci *ne pourront opérer sur la notation en chiffres;* mais SEULEMENT SUR LES SIGNES ORDINAIRES, qu'on prétend à tort ne pas leur être familiers.

Les élèves qui, des deux côtés, prendront part aux épreuves *écrites* d'analyse et de transposition, opéreront *tous à la fois;* mais sans pouvoir s'aider les uns les autres.

Il est essentiel que vous établissiez d'une manière *authentique* la proportion dans laquelle auront été obtenus vos résultats et le temps employé à les produire. Vous aurez donc à donner le nombre total des élèves inscrits dans les diverses classes de solfège, depuis l'admission des plus anciens de ceux que vous amènerez au concours.

Je donnerai également la liste nominative et complète de mes élèves.

Vous spécifierez *avec exactitude*, pour chaque élève produit par vous, le temps depuis lequel il aura suivi les cours de l'école municipale, et celui de ses études antérieures, à Metz ou ailleurs.

Vous fournirez une liste de deux mille morceaux de musique vocale, numérotés de *un à deux mille*. Je tiendrai prête une liste semblable, où les morceaux seront numérotés de *deux mille un à quatre mille*; on mettra dans une urne des numéros d'ordre *de un à quatre mille*, et on procédera à un tirage qui ne s'arrêtera que quand les numéros tirés auront désigné des morceaux qui existeront à Metz, soit chez les marchands de musique, soit dans les bibliothèques particulières, où on les fera prendre en nombre aussi considérable que le jury le désirera.

La lecture se fera *sans préparation*, si le morceau d'épreuve ne module que dans les six tons qu'on aborde régulièrement, à partir de toute tonique majeure ou mineure. Si les transitions sont plus inusitées, on vous laissera la faculté d'écrire au-dessus des notes, entre les portées, les indications que vous jugerez propres à diriger les lecteurs; je jouirai de la même prérogative; mais les indices ainsi ajoutés ne devront ni égaler, ni, à plus forte raison, excéder le nombre des signes accidentels tracés sur l'original.

Les élèves de chaque théorie solfieront en nommant les notes conformément à la doctrine employée pour les instruire, c'est-à-dire que les vôtres emploieront les noms exigés par chaque espèce de clé, et que les nôtres réduiront tout à leurs gammes typiques, d'*ut*, pour le majeur, et de *la* pour le mineur, en se conformant au diapason du ton effectif, jusqu'aux limites de leur voix.

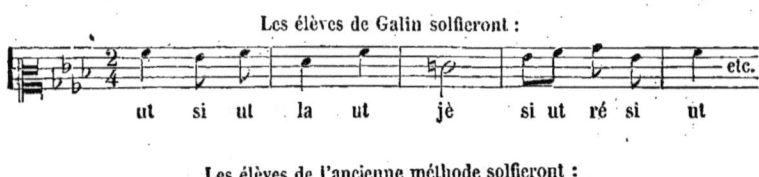

On pourra exiger qu'un élève qui aura solfié un morceau dans le sens ordinaire, en lisant de gauche à droite, le solfie en lisant les notes de la dernière à la première.

1. Neuf numéros d'ordre, correspondant aux lignes et aux interlignes de la portée, désignés comme on le voit ici:

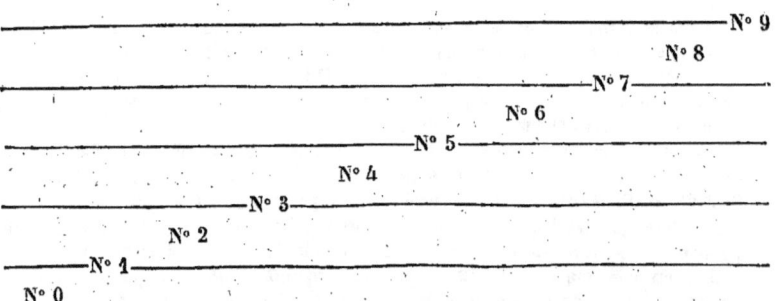

Seront écrits, chacun six fois, sur des bulletins séparés et tirés au sort, pour désigner les lignes ou les interlignes sur lesquels on écrira, sans barres de mesure, des notes de la même durée. Les cinquante-quatre notes résultant de ce tirage devront être solfiées *sans préparation*, sur *chacune des huit clés*, après avoir été écrites *dans des tons déterminés par la voie du sort*, depuis celui d'ut double-bémol jusqu'à celui d'ut double-dièse.

1re donnée, clé d'*ut* 3e ligne, ton de *mi*.   2e donnée, clé de *sol* 2e ligne, ton de *mi* bb.

II. D'autres notes étant déterminées, par le sort, au nombre de cinquante-six, comme pour la première épreuve, les huit clés y seront intercalées, à des distances égales ou inégales, dans un ordre pareillement déterminé par le sort, sans dièses ni bémols à l'armure. Les élèves des deux théories chanteront *sans préparation* et en nommant les notes CONFORMÉMENT A L'INDICATION DE LA CLÉ.

III. Un chant non modulé, déterminé par le sort, étant écrit dans le ton d'ut, sur chacune des *huit clés*, les élèves des deux méthodes devront le lire *huit fois*, en nommant chaque fois les notes conformément aux prescriptions de la clé :

Et ainsi des six autres formes, les élèves de l'enseignement usuel pouvant dire *do* ou *ut*, à volonté.

IV. Un chant non modulé étant fourni par le sort, et écrit dans le ton d'*ut*, sur une clé déterminée aussi par la voie du sort, les élèves des deux théories le solfieront dans trois langues différentes, celle d'*ut*, celle de *sol* et celle de *fa* ; la forme écrite restant la même pour cette triple lecture.

V. Un chant non modulé étant écrit sans clé ni armure, et une partie plus ou moins considérable des premières et des dernières mesures étant supprimée à dessein, les élèves, de part et d'autre, devront retrouver seuls et sans instrument la tonalité du morceau, et prouver qu'ils y sont parvenus, en solfiant ce fragment dans la langue du ton d'ut, la hauteur de la tonique étant abandonnée au choix de chacun, et les élèves de l'enseignement usuel pouvant donner aux notes les noms du système de la tonalité effective qu'ils auront cru découvrir. Le rhythme ne sera compté pour rien dans cette épreuve.

VI. Une phrase étant donnée dans un ton et sur une clé déterminée par la voie du sort, les concurrents devront la transposer par écrit de deux manières, sur deux autres clés et dans deux autres tons que le sort déterminera également : 1° avec les accidents du nouveau ton groupés à la clé; 2° l'armure de la phrase à transposer étant conservée et les accidents (disséminés dans le courant de cette phrase) constituant le ton demandé par le sort :

Phrase donnée, clé de *fa*, 3e ligne, ton de *ré*♭.

1re Transposition demandée, clé d'*ut* 2e ligne, ton de *mi* indiqué à la clé.

2e Transposition; conservation du ton de *ré*♭ indiqué, clé de *sol* 2e ligne, et transposition en *si*, par les accidents disséminés :

VII. Un autre morceau étant fourni par le tirage au sort, les concurrents devront non-seulement déterminer le ton principal, mais encore faire connaître le nombre et la nature des modulations, et déterminer les indices qui auront servi de base à leur jugement.

VIII. Un chant non modulé étant vocalisé phrase par phrase, par une voix juste, ou joué sur un instrument, dans un ton déterminé par la voie du sort, sans que les concurrents soient avertis du ton réel, ceux-ci le reproduiront, après une seule audition de chaque phrase; vos élèves en employant les notes du ton effectif; les nôtres, en chantant dans le diapason donné, et en se servant des mots de la langue d'*ut*, si c'est en majeur, et de *la*, si c'est en mineur. Le chant et le ton seront déterminés par la voie du sort.

Phrase vocalisée ou jouée:

Vos élèves diront : si sol mi do do mi do mi do si etc.
Les miens diront : sol mi ut la la ut la ut la sol etc.

IX. Des séries de percussions étant entendues, les élèves devront leur donner une forme prouvant qu'ils les ont reconnues; les vôtres, en désignant le nombre et l'espèce des signes de durée correspondant à l'effet demandé; les miens, en prononçant les syllabes qui indiquent l'origine de chaque temps et la manière dont il est fractionné, ou même en les écrivant, si le jury le désire.

X. Les concurrents dégageront, *seuls et sans instrument*, l'inconnue de problèmes pouvant atteindre le degré de complication du suivant :

Ils indiqueront : la tonalité de chacune des deux phrases consécutives ; ce qu'il faut faire, pour opérer, en chantant sans accompagnement, le passage de l'une à l'autre, et ils effectueront cette transition. Il est bien entendu que les fragments successifs contiendront chacun les sept fonctions hiérarchiques du ton auquel ils appartiennent ; au surplus, j'accepte ces problèmes pour mes élèves, même quand plusieurs fonctions ne se présenteraient pas.

EXPÉRIMENTATIONS EN DEHORS DU CONCOURS.

Pour montrer aux membres du jury combien les idées de rhythme et d'intonation se produisent rapidement chez nos élèves, je me réserve de leur traduire en chiffres un morceau tiré au sort, qu'ils exécuteront seuls et individuellement, dans un mouvement rapide, sous le double rapport du rhythme et de l'intonation.

Une autre vérification importante sera faite, pour savoir ce qu'il faut penser de la prétendue possession des sons fixes par vos élèves. Si la méthode usuelle est vraie, vos disciples doivent lire plus couramment des passages semblables au suivant, et je leur en présenterai :

Barcarolle de Proch, conforme au texte original (N° 9, chez Schlesinger):

Que ceux où on groupe à la clé les accidents du ton principal, comme vous le voyez ici :

Le même morceau, avec l'indication tonale.

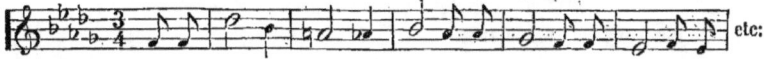

S'il en est autrement, il est de la dernière évidence que ceux de vos élèves qui sont parvenus à déchiffrer ne le doivent qu'à la substitution qu'ils ont faite, instinctivement, des relations aux sons absolus, et que leur capacité, *ne résultant que de l'application du principe proclamé par Galin*, prouvera pour notre théorie et *contre la vôtre*, qu'ils auront été obligés de changer.

Si vous trouvez ce cercle trop étroit, élargissez-le, Monsieur ; j'accepte d'avance *toutes les additions que vous pourrez y faire*, pourvu que vous me les fassiez connaître, trois semaines avant le jour du concours, et pourvu que les épreuves indiquées ici soient faites avant les expériences de supplément que vous aurez déterminées. Dans ce cas, j'aurai aussi le droit d'addition, et j'en userai dans la même proportion que vous, en vous donnant mon nouveau programme, vingt jours avant le concours.

Je terminais ainsi, pour ne laisser prise à aucune objection, ni sur le fond, ni sur la forme :

« Je crois avoir évité, dans ce qui précède, toute expression empreinte d'aigreur ou de personnalité. Si quelque mot échappé à ma propre censure pouvait être interprété dans un sens fâcheux, je le rétracte d'avance, et je proteste qu'il s'agit ici, dans ma pensée, uniquement de l'intérêt d'une vérité.

« J'ai l'honneur d'être, avec une considération distinguée,

« Monsieur,

« Votre très-humble et très-obéissant serviteur. »

« AIMÉ PARIS. »

Metz, 20 juin 1845.

A défaut de tant de propositions si complètes et si loyales, l'incurie des administrations peut-elle au moins se justifier par l'*absence des résultats* et *le défaut de sévérité dans les vérifications?* Je renonce à faire valoir comme des titres les nombreuses séances dans lesquelles j'ai fait exécuter, après quatre-vingts leçons seulement, plus de morceaux qu'on n'en pourrait apprendre par cœur en deux ans d'une étude assidue. Je ne veux m'appuyer que sur les expériences faites *devant des commissions d'hommes compétents* qui ont *tiré au sort* ou fourni, *au gré de leur fantaisie,* les difficultés à vaincre.

Est-ce une chose à dédaigner que l'attestation suivante ?

« Nous, soussignés, membres du jury d'examen chargé de vérifier la capacité *individuelle* des élèves de M. Aimé PARIS, les 19 et 21 juin courant, déclarons que le compte rendu dans le journal de la Guienne, n° 2314, du mercredi 27 même mois, est le récit exact des expériences faites en notre présence.

« Bordeaux, le 28 juin 1838. »

Ont signé : MM. PHÉLIPT, SOYE, GASSIOT, LETELLIER
et MERCIER.

(C'est-à-dire, l'unanimité des Membres de la commission).

Voici le compte-rendu certifié par cette commission :

« Plusieurs enfants et plusieurs ouvriers choisis par les juges ont chanté isolément sur le méloplaste. Les clés, changées plusieurs fois, ont toujours été désignées par les membres du jury, et la baguette de M. Aimé

Paris a promené longtemps, et sans ménagement, les élèves sur les intervalles les plus difficiles à franchir, sur les transitions les plus brusques et les moins attendues. Il les a fait passer successivement par des modulations bien distinctes du ton primitif, auquel il les a ramenés sans peine; et pendant toute la durée de cette expérience, les élèves, à l'abri de toute hésitation, se sont fait constamment remarquer par la sûreté, la promptitude et la justesse des intonations.

« Des questions de théorie qui embarrasseraient peut-être des musiciens perfectionnés, ont été adressées aux ouvriers, et la plus grande partie des réponses a pleinement satisfait les interrogateurs. Un de ces derniers a pris ensuite au hasard, dans un volumineux recueil, un air qu'un ouvrier, nommé Vignes, a déchiffré sur-le-champ, sans réflexion, et qui n'a pas été moins parfaitement rendu sous le rapport de l'intonation que sous le rapport du rhythme. Ce n'est pas tout : M. Paris a voulu que le même air fût encore déchiffré par d'autres élèves, soit en commençant par la dernière mesure, soit en renversant le tableau, et un succès constant a prouvé que l'instruction des disciples de la méthode Galin était aussi égale, aussi générale que réelle et positive.

« Après ces exercices, les ouvriers ont exécuté une opération importante et difficile; la transposition d'un air dans un autre ton et dans une autre clé. La méthode Galin n'excelle pas moins, en effet, pour l'enseignement logique des principes que pour la prompte acquisition de la pratique indispensable à la lecture de la langue musicale. Enfin, les enfants ont achevé de justifier cette dernière assertion, en reconnaissant, phrase par phrase, toutes les notes de plusieurs airs joués sur un instrument par M. Paris. La séance a été terminée par un morceau de musique religieuse, chanté avec beaucoup d'ensemble par les deux Cours.

« Cette séance a été toute à l'avantage de la méthode professée par M. Paris; telle nous a paru l'opinion des juges à la décision desquels il s'était volontairement soumis, et telle est aussi la nôtre. » (*La Guienne, Journal de Bordeaux*, 27 juin 1838.)

Pour prouver que la puissance des théories de Galin est *constante*, j'ai livré à trois commissions d'examen des enfants de huit à treize ans qui n'avaient reçu que quatre-vingts leçons, et qui pouvaient satisfaire à toutes les conditions du programme qu'on lira plus bas. Tout a été accompli, à Gand, le 23 octobre 1841, à Anvers, le 8 octobre 1843, à Bruxelles, le surlendemain, 10 octobre 1843.

A Gand, le tirage au sort, sur plus de deux mille bulletins, a été fait par

M. le sénateur baron de Schiervel, gouverneur de la province, et par M. le sénateur comte d'Hane de Potter, administrateur de l'université de Gand. J'avais invité à faire partie de la commission, le compositeur Ch. Hanssens, chef d'orchestre du théâtre, et M. Mengal, directeur du Conservatoire de Gand. Ce dernier (deux cents personnes le certifient, parce qu'elles l'ont vu) a passé la soirée du 24 octobre, à la *Société de la Concorde*. La vérification se faisait vis-à-vis, à cent pas de distance : M. Hanssens n'a pas montré plus d'empressement.

On sait que MM. Aerts et Bessems étaient, pour la commission d'Anvers, les délégués de la Régence de cette ville.

A Bruxelles, on comptait parmi les membres de la commission : MM. Heimbourg, président de la Société philharmonique; Gillon, vice-président de la même société; Charles Lis, compositeur distingué; Pingart, amateur; Robyns, membre de la commission de surveillance du Conservatoire, le seul des membres de cette commission qui eût répondu à mon invitation écrite.

Devant les TROIS commissions, les enfants ont abordé, avec un succès égal, toutes les divisions du programme suivant :

1° Chanter à trois parties des accords improvisés, pris parmi ceux de la tonique, de la sous-dominante et de la dominante, le sort déterminant la nature de l'accord et le mouvement ascendant ou descendant des voix.

2° Indiquer le ton majeur ou mineur, d'après toute armure et sur toute clé; l'armure et la clé étant déterminées par la voie du sort.

3° Déterminer la fonction des accidents qui surviennent pour contredire les indications de l'armure; le sort indiquant les lignes, les interlignes et les accidents qui doivent les frapper, en allant jusqu'aux doubles dièses et aux doubles bémols inclusivement.

4° Exprimer, à l'aide de la langue syllabique des durées, le rhythme d'un air tiré au sort, dans une liste de fragments fournissant des milliards de milliards de combinaisons.

5° Chanter les notes du même air, ou d'un autre également désigné par le sort, dans la même série, en ne s'occupant que de l'intonation.

6° Solfier sur toutes les clés, dans le ton d'ut, l'ordre successif des clés étant réglé par le sort.

7° Moduler dans les six tons qu'on peut aborder, en quittant une tonique majeure ou mineure, le sort déterminant l'ordre des modulations.

8° Vocaliser sur des clés et dans des tons fixés par la voie du sort.

9° Faire passer un dessin, donné dans l'accord tonique, par ceux de la dominante et de la sous-dominante, en interposant entre ceux-ci l'accord de tonique, à titre de transition; le sort déterminant le dessin pris dans l'accord tonique.

10° Déchiffrer à la fois le rhythme et l'intonation d'un air tiré au sort, dans une liste de plus de treize cents morceaux.

A Metz, M. Desvignes, directeur de la succursale du Conservatoire royal, ayant refusé le concours qu'il avait provoqué, par sa publication du 14 avril 1845, j'ai réuni une commission plus nombreuse que toutes les précédentes. Voici sa déclaration UNANIME et le procès-verbal des expériences.

« Les personnes soussignées, invitées par M. Aimé Paris à se former en commission d'examen, pour juger des résultats obtenus par l'emploi de la théorie de Galin,

« Après des expériences faites en leur présence, soit sur des données fournies par elles-mêmes, soit sur des matériaux que des pères de famille d'une moralité incontestable ont affirmé être tout-à-fait inconnus à leurs enfants et abordés aujourd'hui pour la première fois;

« Déclarent qu'elles regardent ces résultats, obtenus en trois mois seulement, comme devant appeler sérieusement l'attention des chefs de famille et de l'autorité sur un mode d'enseignement qui se produit par des faits positifs et vraiment remarquables.

« Metz, vingt-cinq juillet mil huit cent quarante-cinq. »

Ont signé TOUS *les membres de la Commission :*

MM. Ch. Emy, capitaine d'artillerie, professeur à l'école d'application.

E. Brepsant, chef de musique au 1er régiment du génie.

Bergery, professeur à l'école d'artillerie.

P. Bergère, colonel du génie.

J. Henry, professeur de musique.

Villet, capitaine d'artillerie, professeur à l'école d'application.

F. Valzer, professeur de musique.

Mlle Élise Henry, professeur de musique.

MM. A. Gélinet, agent de change.

V. J. Rodolphe, capitaine d'artillerie.

Dodeman, capitaine d'artillerie.

Meignen, capitaine en retraite.

Th. Parmentier, lieutenant du génie.

Levavasseur, sous-lieutenant à l'école d'application.

Simon, chef de musique au 34e de ligne.

Procès-verbal des expériences faites le vendredi, 25 juillet 1845, à Metz, en présence de la Commission composée des personnes qui ont signé, séance tenante, la Déclaration remise à M. Aimé PARIS.

1° Un des examinateurs écrit et remet à M. Aimé Paris une phrase en *mi bémol*, sur la clé de *sol*, deuxième ligne ; à la demande d'un membre, elle est transposée en *la*, sur la clé d'*ut*, troisième ligne, demandée par un autre membre.

2° Dix bulletins cachetés, contenant les matériaux des dix expériences comparatives proposées inutilement à l'école municipale, sont remis à un des juges qui en tire un au hasard, et en fait tirer un second par un autre membre. Les autres bulletins sont ensuite ouverts ; on constate qu'ils contiennent chacun une énonciation distincte. Les dix bulletins sont confiés à M. Emy, capitaine d'artillerie, un des examinateurs, pour être conservés par lui aussi longtemps qu'il le jugera convenable.

Un de MM. les examinateurs écrit lui-même sur le tableau, hors de la vue des élèves, un chant non modulé, sur la clé de *sol*, deuxième ligne, sans accidents à la clé, comme le demande le bulletin n° 4 ; ce chant est solfié en *fa* et en *sol*, à la demande de deux membres, et la troisième fois en *ut*, et avec l'observation rigoureuse de la mesure.

3° Le second bulletin tiré au sort indique l'obligation de nommer, en les ramenant à la langue d'*ut*, les notes d'un chant non modulé, écrit dans un ton quelconque, par un des examinateurs. Ce problème est résolu avec certitude et facilité, sur une mélodie improvisée que M. Aimé Paris joue dans le ton de *la bémol* où elle a été écrite par un des juges.

4° Les élèves improvisent, au commandement d'un examinateur qui règle les mouvements ascendants, descendants ou horizontaux de la baguette du professeur, une harmonie à trois voix, sur les accords de tonique, de dominante et de sous-dominante, à l'aspect de cinq points noirs écrits sur une ligne verticale.

5° Des notes écrites par un des examinateurs sont transmises à M. Aimé Paris, pour être chantées sur la clé de *fa*, seconde ligne, demandée par un autre membre ; elles sont solfiées sans hésitation, et le professeur, sans avertir les élèves qu'il continue ce problème improvisé, les promène successivement au milieu des trois clés, écrites chacune sur toutes les lignes, ce qui substitue quinze clés aux huit qui ont été employées jusqu'à ce jour.

6° Les épreuves précédentes ayant été faites sur des données fournies par les membres de la Commission, et le jury d'examen ayant accepté la déclaration des élèves et de leurs parents, à l'égard des morceaux que M. Paris déclarait être abordés pour la première fois, un morceau en *la bémol*, clé de *sol*, deuxième ligne, est soumis aux élèves qui le chantent avec aplomb et en mesure. L'épreuve terminée, M. Aimé Paris annonce que ce morceau est le canon portant le n° 54 et le dernier de la troisième suite des canons sans paroles, publiés par M. Desvignes, directeur de l'École de musique de Metz ; c'est-à-dire le morceau le plus difficile, dans l'intention de l'auteur, à moins que celui-ci n'ait commis la faute très-grave de ne pas observer une progression bien graduée, dans les éléments de son enseignement.

7° Une romance de Félicien David étant imprimée sans clé ni armure, deux membres lui assignent, l'un la clé d'*ut* troisième ligne, l'autre une armure par *bémols*. M. Paris donne la forme convenable aux accidents amenés par la modulation, et les élèves exécutent avec justesse et précision ce morceau, dont ils ajoutent à la fin la tonique, omise à dessein.

8° Une expérience semblable est faite avec le même succès, sur une romance d'Eugène Déjazet, pour laquelle un membre demande la clé de *fa* quatrième ligne, et un autre une armure par *dièses*.

9° M. Aimé Paris fait lire à rebours, en chantant, les notes de cette dernière romance par quatre enfants qui accomplissent cette tâche sans erreur et sans hésitation.

10° M. Aimé Paris produit sur un carton des percussions mates, comprenant jusqu'à des mélanges d'effets correspondant à des doubles croches et à des triolets de doubles croches. A la première audition, et avec une grande rapidité, les élèves attribuent à chaque percussion la syllabe rhythmique indiquant la fraction à laquelle il faut la rapporter dans chaque temps.

Trois élèves appelés individuellement et à tour de rôle, écrivent les formes qui expriment pour l'œil les séries d'effets rhythmiques frappées par le professeur, la Commission étant avertie que c'est la première fois qu'on leur demande d'établir une équation de ce genre, aucun essai semblable n'ayant été fait dans le cours.

11° Les élèves chantent ensuite, à deux voix et à première vue, un morceau écrit en chiffres et appartenant à la mesure six-huit.

12° Une expérience de même nature est faite sur un morceau à deux voix, également écrit en chiffres et à quatre temps binaires.

13° Un chœur à cinq voix, extrait de la *Vestale* et écrit en chiffres, est abordé à première vue et chanté deux fois de suite avec beaucoup d'ensemble et de justesse; la seconde fois, dans un mouvement très-animé.

14° Enfin, et en dehors des expériences improvisées, M. Paris fait exécuter deux chœurs qu'il affirme, ainsi que les élèves et les parents, n'avoir été étudiés que depuis lundi 21 juillet, et seulement pendant une fraction des leçons. L'un de ces chœurs, extrait d'*Anna Bolena*, musique de Donizetti, est écrit en *la* sur trois clés différentes; *sol*, deuxième ligne; *ut*, quatrième ligne, et *fa*, quatrième ligne. L'autre, écrit en chiffres et à quatre voix, est un arrangement fait par B. Wilhem de motifs extraits de deux opéras d'Auber et de Rossini.

Nous soussignés, ayant assisté à totalité de la séance d'hier, certifions la complète exactitude des détails qui précèdent, et l'empressement unanime avec lequel les membres de la Commission ont constaté, par leur signature, les résultats prodigieux obtenus en trois mois, et la loyauté avec laquelle M. Aimé Paris s'est mis à leur disposition, en acceptant toutes les expériences dont les matériaux lui ont été fournis, sans complaisance et sans collusion possible.

Metz, vingt-six juillet mil huit cent quarante-cinq.

Suivent les signatures.

Lorsque je me livrais partout si franchement à la vérification, ne crois pas, mon ami, qu'on ait craint d'être en reste de générosité. A Rouen, on a essayé de la publicité d'une de ces feuilles qui, à la honte de la presse périodique, exploitent l'injure et la calomnie. A Bordeaux, le *Courrier de la Gironde* a ouvert ses colonnes à tout ce qui pouvait jeter du discrédit sur les idées d'un homme dont la statue sera un jour élevée dans cette ville même. A Gand, un écrivain qui possède tout juste l'intelligence d'une paire de ciseaux, dirige l'*Organe des Flandres*. On l'enrôle dans la croisade contre le progrès ; il feint de vouloir s'éclairer ; il provoque des expériences qui sont faites *devant lui et pour lui*, sur des *données fournies par lui*, en présence de cent personnes. Notre triomphe est complet, et le lendemain, cet homme, qui, pourtant, nous a félicités, publie un article où tout est mensonge, à moins qu'on ne préfère l'affirmation de cet homme inepte au démenti énergique donné le 12 juin 1842, par une protestation couverte de *quatre-vingt-cinq signatures !!!*

Un seul journal de Bruxelles a ouvert ses colonnes à un seul opposant. Celui-ci (l'opposant) est un des professeurs d'une institution musicale, où on le connaît moins sous son nom prussien que sous un sobriquet dont la signification exclut toute idée de tempérance.

J'avais demandé à M. Fétis (dont l'envoi devait être accepté de préférence), ou, à son défaut, à tout autre compositeur, un morceau à trois voix égales, du même degré de difficulté que six autres, dont j'avais donné la liste, comme spécimen. Les trois parties de ce morceau devaient être chantées *simultanément à première vue*, *rhythme et intonation*, par mes jeunes élèves, le 9 mai 1844, dans une séance donnée à la salle de la Grande-Harmonie de Bruxelles. M. Fétis, plus complaisant quand il s'agit de la méthode Wilhem, n'envoya rien ; l'opposant fit parvenir un casse-cou chromatique, intitulé *Ave Maris Stella*. J'étais en droit de refuser ce morceau, composé en dehors de toutes les conditions déterminées ; cependant je l'acceptai, et il fut enlevé aux applaudissements trois fois répétés de deux mille cinq cents spectateurs.

Ce n'était point ce qu'attendait l'opposant ; il essaya de dénaturer les faits, et, disons-le à l'honneur de la presse de Bruxelles, il ne trouva pour auxiliaire qu'un *vertueux* publiciste, dont le départ de France a coïncidé avec la condamnation pour *escroquerie* de je ne sais quel concessionnaire de mines du bassin de la Loire.

Si les anciens avaient eu à mettre une idée sous la protection de trois de leurs personnifications mythologiques, auraient-ils choisi, pour les rendre recommandables, Midas, Silène et Mercure ?

L'opposition n'en était pas à son coup d'essai. Déjà, le 10 octobre 1843, dans une séance dont le programme, distribué à l'avance, n'indiquait *l'acceptation d'aucune expérience*, j'avais eu la preuve de ses intentions charitables. Au milieu d'un groupe qui avait pris position près de mon estrade, dès l'ouverture des portes, on m'avait fait remarquer deux professeurs de musique vocale attachés à l'établissement royal. Une dame, placée près d'eux, et que j'ai su plus tard être la mère d'une des élèves couronnées à la distribution précédente, poussa le dévouement jusqu'à se mettre en évidence, pour me prier, quand le programme était presque épuisé, de faire déchiffrer (*ne fût-ce qu'une ligne*) un manuscrit qu'elle me fit passer. On comptait sur un refus ou sur un échec. Malheureusement pour les auteurs de cette petite conspiration, le problème, dans lequel on n'avait pas épargné les causes d'erreur, fût résolu aux applaudissements de toute l'assemblée. Il y a de curieux détails à ce sujet, dans le *Courrier Belge* du 13 octobre 1843, dans le *Moniteur Belge* du même jour, et dans l'*Emancipation* du 16 octobre 1843.

Je ne voudrais pas me donner une ridicule importance personnelle. Pourtant, il m'est difficile de pousser l'humilité chrétienne au point de trouver que j'offre moins de garanties de clairvoyance que les partisans de l'ancienne méthode. Les livres du petit nombre de ceux qui se hasardent à écrire étalent une ignorance complète de l'art de déduire et de raisonner; l'immense majorité des professeurs de solfège est, sans aucune contestation, ce qu'il y a de moins avancé sous le rapport du développement intellectuel. Aussi, indépendamment de la proportion désespérante entre leurs déconvenues et leurs essais d'instruction, combien n'est pas significative la déconsidération qui pèse sur eux?

N'eussé-je pas d'autre indice de la supériorité de nos doctrines, il me semble impossible qu'on ne tire pas quelques présomptions favorables des témoignages éclatants de satisfaction que m'ont donnés mes auditeurs dans toutes les villes où j'ai plaidé la cause du progrès. QUARANTE-QUATRE FOIS, mes disciples se sont imposé un tribut volontaire et m'ont offert les consécrations les plus honorables pour les vérités que je leur avais fait connaître. Et parmi eux, j'ai constamment compté de hautes facultés intellectuelles, des hommes graves, revêtus d'importantes fonctions, l'élite, en un mot, des populations auxquelles je m'étais adressé. Comptés ou pesés, les suffrages de ceux qui ont voulu examiner nous appartiennent.

Une autre raison devrait frapper l'attention du pouvoir. La spécialité de mes études me permettrait de parcourir utilement une autre carrière et d'occuper dans la hiérarchie sociale une place moins humble que celle qu'on assigne, avec raison, à ceux dont l'aptitude se borne à l'appréciation des effets de sonorité. Faut-il regarder comme une explication forcée, celle qui présente une conviction raisonnée, fruit d'un examen sévère et réfléchi, comme le mobile des efforts soutenus que j'ai faits dans l'intention de combattre des erreurs monstrueuses?

Peut-on, au moins, rendre la méthode responsable des fautes de son interprète? L'envie de le faire n'a point manqué à mes adversaires, et je peux dire avec vérité que *peu d'hommes ont été plus discutés que moi.* Des investigations actives et multipliées ont accru les recettes de l'administration des postes. Après un quart de siècle, la malveillance en est encore à découvrir un acte que je ne puisse pas avouer à la face du soleil, une parole ou une ligne qui appellent un désaveu de ma part!

Tu ne redoutes pas plus que moi la discussion de ta vie publique ou privée. Quelque part donc, frère, que l'autorité cherche les éléments de l'attention que réclament nos indications, elle rencontre des faits qui lui défendent d'affecter le dédain ou le mépris. Non! après tant d'énergie dépensée en faveur d'une idée; non! si on compare notre valeur, soit intellectuelle, soit morale, à celle des hommes que nous appelons à la preuve, nul n'a le droit de prétexter notre défaut d'importance, et de dire qu'on ne peut pas se mesurer avec les *premiers venus.* Certes, si quelqu'un dans cette question de concours fait un sacrifice d'amour-propre, en acceptant ses adversaires, c'est bien nous, nous qui avons besoin de descendre tant de degrés pour nous mettre au niveau de nos antagonistes. On a fait l'objection; nous sommes forcés d'y répondre.

Enfin, il y a quelques jours, j'apprends qu'il est question de décider que la théorie de Galin sera, de préférence à toute autre, mise hors de l'examen à huis-clos de toutes les méthodes entre lesquelles on doit choisir celle qui sera adoptée, comme moyen d'enseignement, dans les colléges de l'Université; j'écris sur-le-champ à M. de Salvandy, ministre de l'Instruction publique, la lettre suivante:

A Monsieur le Ministre de l'Instruction publique.

Metz, 3 novembre 1845.

MONSIEUR LE MINISTRE,

Des renseignements de l'exactitude desquels j'ai le droit de ne pas douter m'apprennent qu'il est à peu près décidé, par la commission chargée du choix d'une méthode pour l'enseignement de la musique dans les colléges, que *la théorie de Galin sera éliminée.*

Si j'ai l'honneur de vous faire parvenir une réclamation à cet égard, ce n'est pas que j'aie l'intention de demander un emploi au gouvernement, dans le cas où il accueillerait des idées que je sais être vraies et fécondes, parce qu'elles ont pour moi la double autorité de la déduction rigoureuse et de vingt-huit ans de révélation de leur puissance.

Il y a plus : mon intérêt privé me défendrait d'accepter des fonctions, si elles m'étaient proposées. Le budget de l'Etat ne m'offrirait pas la moitié de ce que j'obtiens de mon travail, en conservant mon indépendance. Mon seul but est de vous avertir, Monsieur le Ministre, qu'une faute immense est sur le point d'être commise. Je voudrais épargner à votre nom le triste retentissement que lui donnera, dans l'histoire du progrès de l'esprit humain, la consécration officielle des principes qui ont fait, de l'enseignement de la musique, la chose la moins efficace et la plus monstrueusement ridicule.

Ne point modifier le déplorable *statu quo* de cette didactique peut, à la rigueur, laisser intacte votre responsabilité morale; mais, du moment où vous en généralisez la discipline, il faut nécessairement que l'avenir vous accuse, si le choix des moyens est mauvais, et s'il est prouvé que vous avez été instruit du péril.

J'ai assez de confiance dans l'élévation de votre caractère, Monsieur le Ministre, pour espérer que la forme tranchante que je donne exprès à mes observations ne vous empêchera pas de les peser attentivement.

Si on veut entrer dans les voies de l'utilité réelle et de la vérité, je mets, sans sous-entendu de récompense ou d'indemnité, ma longue expérience de l'enseignement à votre disposition, pour dire ce qu'il faut faire. Je sais même où le pouvoir trouvera des hommes capables de seconder ses vues d'amélioration et de leur donner tout le développement dont elles sont susceptibles.

Mon devoir de conscience est rempli ; Dieu veuille que je ne sois pas le seul à défendre les intérêts de la vérité et des générations qu'on expose à s'égarer dans des voies désastreuses !

J'ai l'honneur d'être, avec respect, Monsieur le Ministre,

Votre très-humble et très-obéissant serviteur,

AIMÉ PARIS.

Quelle sera l'issue de cet examen des méthodes? Je conserve peu de doutes à cet égard, et l'examen même ne me paraît qu'un vain simulacre. Il doit être décidé depuis longtemps, dans la pensée de *quelqu'un qui se connaît en poisons*, que le virus Wilhem sera inoculé d'un bout de la France à l'autre.

Ce sera vraiment un résultat curieux et déplorable à la fois. Il est bon que nous LE PRÉDISIONS dès aujourd'hui, et que nos avertissements prennent leur date, pour qu'on sache bien que LE POUVOIR N'IGNORAIT PAS

Que la *méthode Wilhem* n'est autre chose que toutes les méthodes éminemment vicieuses qui s'appuient sur l'étude des sons *absolus;*

Que la *méthode Wilhem* n'a ni sens ni liaison ;

Que la *méthode Wilhem* pervertit la rectitude du jugement, en l'accoutumant à se payer de définitions absurdes, d'analyses incomplètes et d'affirmations sans preuves ;

Que la *méthode Wilhem* ne justifie pas de CINQ LECTEURS sur CENT ÉLÈVES, *après quatre ans d'études ;*

Que la *méthode Wilhem* fuit honteusement devant l'examen ;

Que la *méthode Wilhem* n'ose pas aborder la preuve déductionnelle ;

Que la *méthode Wilhem* trompe scandaleusement le public, en faisant passer des élèves QUI NE SAVENT QUE RÉCITER pour des élèves qui *peuvent lire.*

Et que, pourtant, il a introduit cette méthode dans tous ses établissements d'instruction,

EN MÊME TEMPS QU'IL REFUSAIT

Non point l'adoption immédiate, non point même la perspective indéfiniment éloignée d'une consécration ; mais

UNE SIMPLE COMPARAISON
DES RÉSULTATS PRODUITS PAR UNE AUTRE THÉORIE,

Qui s'appuie sur l'*analyse* et la *déduction ;*

Qui s'accorde avec toutes les données *certaines* de la science des nombres ;

Qui reste *vraie*, *dans les deux hypothèses* de l'égalité ou de la différence des secondes majeures entre elles ;

Qui *explique et enchaîne rigoureusement* tous les faits ;

Qui n'a pour auxiliaires que les moyens *honnêtes* et la *vérité ;*

Qui *combat au grand jour ;*

Qui offre *quinze fois plus de chances de succès* que toutes les autres méthodes fondées sur le son absolu.

Qui *développe l'intelligence* et *enseigne à comparer les faits ;*

Qui a produit publiquement des résultats *de capacité et non de mémoire*, devant des assemblées composées presque partout de plus de mille auditeurs, à Paris, Lyon, Bordeaux, Lille, Gand, Anvers et Bruxelles ;

Qui a été l'objet d'*expériences individuelles, délicates, scrupuleuses et multipliées*, devant des COMMISSIONS d'hommes *graves* et *irréprochables*, à Bordeaux, Gand, Anvers, Bruxelles et Metz ;

Qui a *défié courageusement* les méthodes abrutissantes ;

Qui a demandé au Ministre de l'intérieur le Conservatoire de Paris pour adversaire;

Qui a vu reculer devant *ses offres loyales et ses vaisseaux brûlés* :

1° et 2° Deux propagateurs de la *méthode Wilhem*, à Bordeaux et à Lille; M. Perrot et Mlle Cottignies;

3° WILHEM LUI-MÊME !!! à Paris ;
4° M. MASSIMINO ;
5° M. MAINZER ;
6° FR. STOEPEL ;

7° et 8° Deux des représentants du Conservatoire de Paris, M. Orlowski, à Rouen, M. Viallon, à Lyon.

9° et 10° Deux succursales du Conservatoire de Paris, l'Académie royale de musique à Lille; l'école municipale de musique, à Metz ;

11° Le Conservatoire de Gand;
12° Le Conservatoire royal de Bruxelles ;
13° Le Conservatoire royal de Liége.

Si cela arrive, CONSTATONS bien l'époque. C'est en l'an de grâce 1846, M. DE SALVANDY étant ministre de l'instruction publique, M. ORFILA, président de la commission chargée de l'examen des méthodes (1).

QU'ON SACHE BIEN, EN OUTRE,

Que deux hommes de cœur et de dévouement ont protesté avec énergie contre l'intoxication de la jeunesse française, et qu'ils en ont appelé à la sévère justice de l'avenir.

Tel est, mon ami, car je suis forcé d'abréger, l'exposé des phases si variées de cette longue lutte, dans laquelle, pour ne point me laisser abattre par

---

(1) La théorie de Galin a le droit d'interrompre la prescription de trente ans, qu'invoquerait peut-être bientôt la méthode Wilhem, qui est pourtant la dernière en date, dans l'ordre chronologique des démarches faites auprès de la Société d'instruction élémentaire. L'ouvrage de Galin, imprimé à Bordeaux, chez Beaune, en 1818, contient, page 8, cette énonciation remarquable qui s'applique à un fait évidemment antérieur, dont les archives de la société peuvent donner la date précise :

« Pendant que je travaillais, à Bordeaux, à produire ces effets, j'adressai à Paris, à la Société d'instruction élémentaire, le manuscrit contenant l'exposition de ma méthode. Je proposais à la Société de l'introduire dans ses écoles, comme étant un moyen très-économique et presque infaillible de rendre populaire en France la connaissance de la musique. J'accom-

le découragement, il m'a fallu souvent appeler à mon aide toute ma ténacité bretonne. Crois-tu, frère, que je puisse encore me bercer de quelque illusion sur la *loyauté individuelle* des opposants, ou sur les *bonnes intentions de ceux qui dirigent les affaires?* J'ai le droit de regarder comme complétement inutiles les efforts qu'on fera pour arriver à une *comparaison concluante*. Aussi, désormais je me bornerai à déclarer qu'on me trouvera *toujours prêt* (et ce n'est pas une fanfaronade *lorraine*, que ce mot TOUJOURS) à dégager mes promesses, dans un concours sérieux, ouvert avec les garanties et sous les conditions que j'ai indiquées. Quelques mots me suffiront pour placer la question sur ce terrain, et je pourrai consacrer au développement des idées de Galin, ou à l'extension des procédés d'application, le temps que je sais maintenant devoir être employé en pure perte à essayer d'amener les dépositaires de l'autorité à comprendre dans toute sa sainteté la mission imposée à ceux qui ont charge d'âmes.

Je ne déserterai donc pas le champ de bataille, tant que je pourrai manier la plume ou la parole. Nulle agression ne restera impunie. Aucun charlatanisme ne trompera les crédules, tant que j'aurai une main pour lui arracher le masque. J'espère plus, pour détruire l'ennemi, de la guerre de partisan que des ambages de la diplomatie.

A toi, de bonne et franche amitié,

Aimé PARIS.

---

pagnais ma proposition de quelques considérations morales que je crus propres à l'appuyer. La Société répondit à mon hommage par des lettres flatteuses, où j'appris qu'elle s'était interdit jusqu'à nouvel ordre d'ajouter aucune autre branche d'étude à celles qui occupent exclusivement les élèves de ses écoles. Dans le même temps, j'envoyai un mémoire pareil au secrétaire perpétuel de l'*Académie des sciences*. »

Depuis, la Société a étendu son cercle d'action ; elle a songé à la musique. Galin s'était offert; ELLE A CHOISI WILHEM !!!! *Sic vos non vobis.*

POST-SCRIPTUM

J'ignorais, en t'adressant de Metz le douloureux inventaire des lâchetés et des hypocrisies qui ont essayé de barrer le chemin à la vérité, que ma lettre à M. de Salvandy dût me valoir l'honneur d'une réponse, et je regardais comme consommé l'acte de vandalisme contre lequel j'avais lancé une malédiction suprême, lorsque j'ai reçu, à Metz, le 23 novembre, la lettre suivante de M. le ministre de l'Instruction publique :

Université de France.

Paris, 22 Novembre 1846.

Monsieur,

J'ai reçu la lettre que vous m'avez adressée le 3 novembre, en m'envoyant une brochure relative à la réforme de l'enseignement musical.

J'ai transmis cette brochure à la commission chargée de rechercher les améliorations qu'il y aurait lieu d'introduire dans l'étude de la musique vocale. *J'ai invité M. le Président de la commission* à réclamer de vous les renseignements qui lui paraîtront utiles. Je ne doute pas que vous ne soyez disposé à seconder de vos efforts les travaux de la commission.

Recevez, Monsieur, l'assurance de ma considération,

Pour le Ministre de l'Instruction publique, Grand-Maître de l'Université,

Le Conseiller d'Etat, directeur.

DELEBECQUE.

Monsieur Aimé Paris, rue Fournirue, n° 11, à Metz.

Jusqu'au 5 janvier 1846, n'ayant pas entendu parler de M. le président Orfila, malgré l'invitation qu'il avait reçue du ministre, je crus devoir insister, pour obtenir au moins l'explication de ce silence étrange. La lettre suivante fut adressée à M. Orfila :

Paris, 5 Janvier 1846.

Monsieur le Président,

M. le Ministre de l'Instruction publique, à qui je me suis adressé, pour l'avertir qu'une faute grave allait être commise, par l'exclusion de la théorie de Galin, m'a fait l'honneur de m'adresser, à Metz, la lettre suivante :

(Ici figurait la lettre de M. de Salvandy).

Je prends la liberté, Monsieur le Président, d'insister auprès de vous, pour qu'une question aussi importante que celle dont il s'agit ne reste pas sans solution, et j'espère

que ma présence à Paris rendra plus facile votre tâche et la mienne, que s'il fallait subir, de part et d'autre, les lenteurs et les inconvénients d'une correspondance.
J'ai l'honneur d'être, avec une considération distinguée,

    Monsieur le Président,

      Votre très-humble et très-obéissant serviteur,

          AIMÉ PARIS.
         338, rue Saint-Honoré.

Le lendemain soir, un tout petit billet m'arrivait par la poste. En voici le texte :

  MONSIEUR,

J'ai reçu la lettre que vous m'avez fait l'honneur de m'écrire hier, pour appeler mon attention sur la théorie de Galin. Les divers rapports arrêtés par la commission que je préside, ont été adressés à M. le Ministre de l'Instruction publique, qui les transmettra, sans doute, au Conseil Royal de l'Université. Là ils seront examinés avec le soin qu'ils méritent, et soumis à une discussion approfondie ; j'ignore quelle pourra être la décision du conseil ; mais vous pouvez compter sur l'impartialité et la justice de l'assemblée.
  Agréez, Monsieur, l'assurance de ma considération distinguée,

          ORFILA.
Monsieur Aimé PARIS.

M. le ministre NE DOUTAIT PAS que *la commission* ne mît à profit mes *dispositions à la seconder ;* on voit par la lettre précédente ce que valait cette espérance. Puis-je compter plus sûrement sur ce qui n'est garanti que par la parole de M. Orfila ? Si j'avais vu dans sa promesse autre chose qu'une eau bénite de cour assez maladroitement préparée, je ne lui aurais pas répondu, le jour même :

  MONSIEUR,

Je reçois à l'instant, au lieu de la lettre de convocation qui me semblait la conséquence logique de ma démarche auprès de vous, les quelques lignes par lesquelles vous me jetez, en courant, l'équivalent d'une fin de non recevoir.
A Metz, d'après ce que m'écrivait M. le Ministre, j'étais en droit de compter sur une lettre ; à Paris, sur une audience.
Il faudrait manquer de la clairvoyance la plus vulgaire, pour ne pas lire de primeabord, dans votre billet, que *le mal est fait* et que la seule idée qui soit large, féconde et puissante est précisément *la seule* qui ait été mise à l'index.
J'ai payé ma dette à l'esprit de progrès ; je ne peux pas empêcher son essor d'être

ralenti momentanément par un parti pris; mais, tant que des *comparaisons multipliées précises et concluantes* n'auront pas établi la supériorité des doctrines fondées sur les prétendus sons absolus, on n'aura fait que renouveler le jugement de Galilée, parcequ'on aura trouvé, comme dit Pascal, plus facilement des moines que des raisons.

Heureusement, Monsieur, les idées vraies restent, les opposants meurent, et les sciences ont leur histoire.

En insistant plus longtemps pour vous éclairer, je craindrais de vous donner à penser qu'on peut attendre de moi ces sacrifices de dignité personnelle que plusieurs privilégiés du conclave universitaire ont conduits jusqu'à la prostration.

Des devoirs nouveaux et plus austères sont faits aux champions de la vérité; ni le courage ni la persévérance ne leur manqueront, dans leur glorieux et pénible apostolat.

J'ai l'honneur d'être, avec une considération distinguée, Monsieur,

Votre très-humble et très-obéissant serviteur,

AIMÉ PARIS.

Paris, 6 janvier 1846.

Ici s'arrêtent, pour longtemps sans doute, mes rapports directs avec les personnages revêtus d'un caractère officiel; mais je ne dois pas laisser ignorer l'existence d'une autre source où ils auront pu puiser des renseignements.

M. Listz arriva à Metz, après la transcription et la mise en ordre des documents précédents, datés du 15 novembre. Dans une visite que je lui fis, il me demanda ce que je pensais de ton *Appel au bon sens*, qu'il me montra, et qu'il me dit tenir de M. Ravaisson, qui l'avait prié d'en dire son avis. Tu sais d'avance quelle dut être ma réponse. Je lui promis de lui envoyer, comme éclaircissements complémentaires, ma brochure sur la *Nécessité d'une réforme* et plusieurs autres imprimés. Il les reçut le jour même, avec la lettre qui suit:

A Monsieur Listz.

MONSIEUR,

En imprimant, il y a dix-huit mois, l'ouvrage que je vous adresse, et en vous plaçant (page 64), à la tête de ceux dont l'intelligence n'est pas seulement révélée par un immense talent de compositeur et d'exécutant, j'ignorais que je dusse jamais vous rencontrer, et trouver en vous une des autorités auxquelles Messieurs de l'Instruction publique, *si complètement incompétents dans les questions musicales,* songeraient à demander leur avis sur l'importante question de la base à donner aux études de musique.

Les éléments de solution sont indiqués en partie, dans l'opuscule de M. Chevé, homme de cœur et de capacité. J'ai, pour ma part, examiné les diverses méthodes qui, toutes, se réduisent à deux, l'une prenant pour base les fonctions hiérarchiques, l'autre s'appuyant sur la recherche et la conquête de prétendus sons absolus.

Je ne sais si je me trompe; mais il me semble qu'un homme de votre valeur ne doit point être arrêté par les mesquines considérations de coterie. Un de nos plus puissants *penseurs*, Galin, a créé la philosophie de l'enseignement musical; il serait beau de voir la vérité de son œuvre proclamée par Frantz Listz. Si, ce qu'à Dieu ne plaise, nos convictions ne passent pas dans votre esprit, et que des raisons suffisantes ne nous soient pas données par vous, pour les modifier, elles ne seraient pas des convictions, du moment où elles se retireraient devant la seule autorité d'un grand nom.

Il y a, dans les quelques pages que je vous envoie, vingt années de dévouement et d'observation consciencieuse, résultat d'un travail qui aurait tué deux hommes et usé deux têtes. Sera-ce un titre pour obtenir de vous un examen sérieux, que j'attendrais vainement de ces *hommes de métier* qui ne sont qu'une chanterelle en frac, ou un clavier courant le cachet? En douter serait vous faire injure.

Recevez, avec l'expression de mon admiration pour votre prodigieux talent, celle de la considération distinguée de votre très-humble et très-obéissant serviteur,

AIMÉ PARIS.

Metz, 20 novembre 1845.

M. Listz a-t-il donné son avis? quelle importance y a-t-on accordée? Ce sont des questions que je ne peux résoudre.

AIMÉ PARIS.

Paris, 21 mars 1846.

ULTIMATUM.

LES VIEILLARDS.

Nous avons été jadis
Jeunes, vaillants et hardis.

LES HOMMES FAITS.

Nous le sommes maintenant,
A l'épreuve à tout venant.

LES ENFANTS.

Et nous bientôt le serons,
Qui tous vous surpasserons.
J.-J. ROUSSEAU, *Chant des Spartiates.*

Ce qui précède n'aurait point trouvé place à la fin de la *Méthode d'harmonie*, s'il n'avait dû en résulter un droit et un avantage.

Le *droit*, c'est de dire qu'il est maintenant démontré, même aux plus incrédules, qu'une vérité utile et féconde en immenses résultats ne peut compter ni sur l'appui du gouvernement, ni sur la loyauté des hommes spéciaux.

L'*avantage*, c'est de pouvoir fournir des matériaux à l'histoire de la science, et, après être restés constamment et vaillamment sur la brèche, de ne pas craindre qu'on attribue à la faiblesse ou au découragement notre résolution de renoncer à prendre une initiative dont l'inutilité est palpable.

Nos conditions de concours sont imprimées plus haut; elles sont permanentes. Nous déclarons être prêts, l'un et l'autre, à accepter toutes les expérimentations qui nous seront demandées comme PARALLÈLE, avec les garanties d'exécution que le passé nous autorise à exiger.

Une solidarité complète existe entre nous ;

Primo avulso, non deficit alter.

Nous ne sommes pas de ceux qui cachent leur drapeau : ceux-là nous font pitié.

Désormais, au lieu de perdre notre temps à secouer la torpeur du pouvoir ou à essayer en vain d'appeler l'opposition au grand jour, nous nous attacherons à perfectionner les moyens pratiques et à rendre évidents pour tous les contre-sens de la doctrine qui a des protecteurs haut placés ; mais qui ne justifie aucunement la faveur qu'on lui accorde.

Nous ferons à chacun sa part. Ce ne sera pas notre faute si, quand les idées de Galin auront conquis le monde, l'avenir ne sait pas les noms de tous ceux qui auront essayé d'arrêter l'avénement d'une vérité.

Paris, 25 mars 1846.

ÉMILE CHEVÉ. — AIMÉ PARIS.

TABLE ANALYTIQUE DES MATIÈRES.

LIVRE DEUXIÈME. — HARMONIE PRATIQUE.

	Pages.
Préambule.	1
Mélodie principale et mélodies accessoires.	2
Règles générales relatives aux mélodies accessoires.	3
CHAPITRE PREMIER. — DE L'HARMONIE A DEUX PARTIES.	5
Il y a deux manières générales de faire une seconde partie.	5
Application de la théorie pure à la formation du duo.	6
Premier exemple tiré d'Asioli (1).	6
Première ébauche à la tierce.	7
Ébauche corrigée d'après les règles.	10
Deuxième exemple, tiré de la *Clémence de Titus* de Mozart.	11
Première ébauche à la tierce.	11
Deuxième ébauche avec les corrections indiquées par les règles.	14
Le duo donné par les règles, comparé à celui de Mozart.	15
Troisième exemple. Duo de l'opéra *le Belle Viaggiatrici* de Haibel.	17
Application des règles au duo de Haibel.	17
Marche à suivre pour faire une mélodie accessoire.	22
Application de la règle des voix.	25
— Deux voix de même nom. Exemple d'Asioli.	26
— Deux voix de même classe, mais de calibres différents. Ex. d'Asioli.	27
— Deux voix de même calibre, mais de classes différentes. Deux exemples d'Asioli.	28
— Deux voix de classes et de calibres différents. Deux exemples d'Asioli.	31
Application de la règle des modulations.	33
Modulations en partant d'une tonique majeure.	34
A. — Modulation à la dominante, en majeur.	34
B. — Modulation à la sous-dominante, en majeur.	34
C. — Modulation au mineur relatif.	35
D. — Modulation à la médiante en mineur.	35
E. — Modulation au mineur de même base.	36
F. — Modulations successives.	36
Modulations en partant d'une tonique mineure.	38
A. — Modulation en majeur relatif.	38
B. — Modulation à la modale sous-tonique en majeur.	38
C. — Modulation au majeur de même base.	39

(1) Partout où l'on a écrit Azioli, lisez Asioli.

	Pages.
Mélodie à tonalité et à modalité fortement caractérisées	41
Mélodie à tonalité mal assurée, pouvant prendre son accompagnement dans plusieurs gammes	41
De la manière d'accompagner une note par plusieurs.	43
Deux notes pour une	44
Trois notes pour une.	45
Quatre notes pour une, etc.	45

CHAPITRE II. — DE L'HARMONIE A TROIS PARTIES. ... 47

L'harmonie à trois parties est une double harmonie à deux parties.	47
Du choix des intervalles dans l'harmonie à trois parties	48
1° Intervalles entre la partie basse et la partie haute.	49
2° Intervalles entre la partie intermédiaire et les deux autres	53
Exemple tiré de *la Flûte enchantée* de Mozart.	47
Exemple tiré du *Tancrède* de Rossini.	54
Marche à suivre pour faire un trio.	56
Exemple de l'*OEdipe à Colonne* de Sacchini.	58
Règle des voix.	64
Règles des modulations.	64
Exemple du *Crociato in Egitto* de Meyerbeer	65
De la manière d'accompagner une note par plusieurs.	68
Exemple tiré de Haydn ; observations.	68
Exemple tiré de l'*Euryanthe* de Weber ; observations.	70
Exemple tiré du *Joseph* de Méhul.	71
Exemple tiré de *Corysandre* ou la *Rose magique* de Berton.	72
Exemple tiré d'Asioli.	73
Exemple tiré de l'introduction de *Norma* de Bellini.	73
Exemple tiré du *Pirate* de Bellini.	74
Exemple tiré d'un *Ave Regina* de Choron.	75
Exemple tiré de J. Arnaud.	76

CHAPITRE III. — DE L'HARMONIE A QUATRE PARTIES. ... 78

L'harmonie à quatre parties est la véritable harmonie naturelle complète.	78
C'est un triple duo à basse commune.	78
Exemple tiré de la *Création* de Haydn.	78
Décomposition du quatuor en six duos	79
De quelle manière il faut appliquer les règles du duo au quatuor	81
Deux définitions de l'harmonie à quatre parties.	81
Du choix des intervalles entre les diverses parties.	83
Marche à suivre pour faire trois mélodies accessoires à une mélodie principale, c'est-à-dire pour faire un quatuor.	84
Règles des cadences.	86
Choix des accords.	86
Notes de broderies.	86
Notes de liaison.	86
Analyse d'un quatuor de la *Clemenza di Tito* de Mozart.	87

TABLE DES MATIÈRES.

	Pages.
Règle des voix.	96
Règle de modulations.	96
De la manière d'accompagner plusieurs notes par une seule.	97
Exemple tiré du *Dardanus* de Sacchini.	98
Exemple tiré de l'*Iphigénie en Tauride* de Gluck.	99
Exemple tiré d'un *Alleluia* de Hændel.	99
Exemple tiré d'*Euryanthe* de Weber.	100
Exemple tiré de *Bianca e Faliero* de Rossini.	101
Exemple tiré des *Huguenots* de Meyerbeer.	103
Exemple tiré du *Désert* de Félicien David.	105

CHAPITRE IV. — DE L'HARMONIE A PLUS DE QUATRE PARTIES. . . . 106
- Deux propositions qui découlent des chapitres précédents . . . 106
- Exemple tiré de la *Muette* d'Auber . . . 107
- Exemple tiré de la *Vestale* de Spontini. . . . 108
- Exemple tiré du *Pirate* de Bellini. . . . 109
- Exemple tiré de *Joseph* de Méhul. . . . 110
- Exemple tiré d'un *Credo* de Palestrina . . . 111
- Exemple tiré du *Fratres ego* de Palestrina . . . 112
- Remarques sur les deux exemples de Palestrina . . . 112

APPENDICE. DES ACCORDS CHROMATIQUES (altérés). . . . 114
- Tierces majeures rendues mineures. . . . 115
- Tierces majeures devenues tierces augmentées. . . . 116
- Tierces mineures devenues majeures. . . . 116
- Tierces mineures devenues tierces diminuées . . . 116
- Des quatre variétés d'accords de quinte. . . . 118
- Effets produits par les modulations en éclair sur l'accord parfait majeur. 118
- Effets produits par les modulations en éclair sur l'accord parfait mineur. 118
- Effets des modulations en éclair sur l'accord neutre minime. . . . 119
- Effets des modulations en éclair sur l'accord neutre maxime. . . . 120
- Résumé des quatre groupes précédents. . . . 121
- Manière de traiter la modulation en éclair . . . 122
- Accords chromatiques contenant la tierce diminuée. . . . 123
- Accords chromatiques contenant la tierce augmentée. . . . 124
- Accords chromatiques contenant ensemble la tierce diminuée et la tierce augmentée. . . . 124
- Inconséquences des théoriciens. . . . 125
- Manière de traiter les accords chromatiques dans la pratique. . . . 125
- Les intervalles chromatiques dans les accords de septième. . . . 126
- Nouvelles inconséquences des théoriciens. . . . 128
- Les intervalles chromatiques dans les accords de neuvième. . . . 130

LIVRE TROISIÈME. — HARMONIE CLASSIQUE.

Pages.

PRÉAMBULE. 131
    Anecdote sur l'influence des contre-points (en note). 132

CHAPITRE PREMIER. — Du CONTRE-POINT SIMPLE. 133
    Citation de J.-J. Rousseau. 133
    Tableau général des diverses espèces de contre-points simples, d'après Chérubini. 134
    Cette division est puérile et incomplète. 135

DES CONTRE-POINTS SIMPLES A DEUX PARTIES.
    Première espèce. Contre-point note pour note. 138
    Deux exemples pris dans Chérubini. 138
    Deuxième espèce. Deux notes pour une. 139
    Deux exemples de Chérubini. 139
    Troisième espèce. Quatre notes pour une. 140
    Deux exemples de Chérubini. 140
    Quatrième espèce. De la syncope. 141
    Deux exemples de Chérubini. 142
    Cinquième espèce. Contre-point fleuri. 142
    Deux exemples de Chérubini. 143
    Réflexions sur les contre-points simples. 143

DES CONTRE-POINTS SIMPLES A TROIS PARTIES 145
    Première espèce. Contre-point ; note pour note. 146
    Trois exemples de Chérubini. 146
    Deuxième espèce. Deux notes pour une. 147
    Exemple de Chérubini. 147
    Troisième espèce. Quatre notes pour une. 147
    Exemple de Chérubini. 147
    Quatrième espèce. Syncope. 148
    Exemple de Chérubini. 148
    Cinquième espèce. Contre-point fleuri. 148
    Exemple de Chérubini. 148

DES CONTRE-POINTS SIMPLES A QUATRE PARTIES. 149
    Exemples des cinq espèces, puisés dans Chérubini. 149

DES CONTRE-POINTS SIMPLES A PLUS DE QUATRE PARTIES. . . 152
    Contre-point à cinq parties. 152
    Contre-point à six parties. 152
    Contre-point à sept parties. 153
    Contre-point à huit parties. 153
    Réflexions sur les contre-points. 153
    Note de Destutt de Tracy 154

TABLE DES MATIÈRES.

Pages.

CHAPITRE II. — De l'imitation. 155
   Citations de J.-J. Rousseau et de Chérubini. 155
   Antécédent et conséquent. 156
   Exemples d'imitations à la *seconde*, à la *tierce*, à la *quarte*, à la *quinte*,
      à la *sixte*, à la *septième*, à l'*octave*; tirés de Chérubini 157
De l'imitation à deux parties. 159
   Tableau des principales espèces d'imitations. 160
   Première espèce. Imitation régulière ou contrainte. 160
      Exemples de Chérubini. 161
   Deuxième espèce. Imitation irrégulière ou libre 162
      Exemples de Chérubini. 162
   Troisième espèce. Imitation par mouvement semblable. 163
   Quatrième espèce. Imitation par mouvement contraire. 163
      Exemples de Chérubini. 163
   Cinquième espèce. Imitation par augmentation. 166
      Exemple de Chérubini. 166
   Sixième espèce. Imitation par diminution. 166
      Exemple de Chérubini. 167
   Septième espèce. Imitation à contre-temps 167
      Exemple de Chérubini. 167
   Huitième espèce. Imitation interrompue. 168
      Exemple de Chérubini. 168
   Neuvième espèce. Imitation par mouvement rétrograde. 168
      Exemples de Chérubini. 168
   Dixième espèce. Imitation convertible. 170
      Exemples de Chérubini. 170
   Onzième espèce. Imitation périodique. 171
      Exemples de Chérubini. 171
   Douzième espèce. Imitation canonique. 171
      Exemples de Chérubini. 171
      Réflexions sur les imitations à deux, à trois et à quatre parties. . . 172

CHAPITRE III. Des contre-points doubles 173
   Définition de Chérubini. 175
   Il y a sept espèces de contre-points doubles 176
   Première espèce. Contre-point double à l'octave ou à la quinzième. . 176
   Deuxième espèce. Contre-point double à la seconde ou à la neuvième. 179
   Troisième espèce. Contre-point double à la tierce ou à la dixième. . 182
   Quatrième espèce. Contre-point double à la quarte ou à la onzième. . 185
   Cinquième espèce. Contre-point double à la quinte ou à la douzième . 185
   Sixième espèce. Contre-point double à la sixte ou à la treizième. . . 185
   Septième espèce. Contre-point double à la septième ou à la quatorzième. 186
Des contre-points triples et quadruples. 187
   Opinion de Chérubini sur ces contre-points. 187
   Il y a deux manières de pratiquer ces contre-points 188

	Pages.
CHAPITRE IV. — DE LA FUGUE.	191
Extrait de J.-J. Rousseau.	191
Opinion de Chérubini.	195
Division générale de la fugue.	195
DE LA FUGUE EN GÉNÉRAL.	196
Du sujet.	196
De la réponse.	196
Du contre-sujet.	197
Du stretto.	199
De la pédale.	200
De la queue.	202
Des divertissements dans la fugue.	204
De la modulation dans la fugue.	205
De la composition entière de la fugue, d'après Chérubini.	205
DE LA FUGUE DU TON.	207
Exemple d'une fugue du ton (tiré de Chérubini).	209
DE LA FUGUE RÉELLE.	213
Exemple d'une fugue réelle (tiré de Chérubini).	213
DE LA FUGUE D'IMITATION.	215
Petite fugue d'imitation du P. Martini.	216
Tableau comparatif de la fugue ancienne et de la fugue moderne, par Reicha.	217
Conclusion.	219

RÉSUMÉ GÉNÉRAL.

LIVRE PREMIER. — THÉORIE DES ACCORDS.

CHAPITRE PREMIER. — Des gammes harmoniques.	221
CHAPITRE II. — Formation des accords dans les deux modes diatoniques.	223
Classification des accords.	224
Nomenclature des accords.	225
CHAPITRE III. — Analyse des accords.	226
CHAPITRE IV. — Des modifications que la pratique fait subir aux accords.	229
Manière d'analyser les accords.	232
CHAPITRE V. — Des accords sous le point de vue du ton et du mode.	233
Section première. Accords de tierce.	233
Accords de quinte.	234
Accords de septième.	237
Section deuxième. Accords de neuvième.	239

Accords de onzième. 239
Accords de treizième. 240
Accords de quinzième. 241
Section troisième. Accords qui ont le *je*. 243
Accords de tierce. 243
Accords de quinte. 243
Accords de septième, de neuvième, etc. 244
CHAPITRE VI. — Des accords plus ou moins harmonieux 245
Accords de deux notes. 245
Accords de trois notes. 246
Accords de quatre notes. 247
CHAPITRE VII.—Des accords considérés sous le point de vue des modulations. 249
Section première. Des modulations diatoniques 249
Enchaînement et classification des modulations. 249
Du choix des accords quand on veut moduler. 250
Section deuxième. Modulations chromatiques. 253
Modulations chromatiques par dièses. 253
Modulations chromatiques par bémols. 254
Section troisième. Modulations enharmoniques. 254
Section quatrième. Modulations en éclairs, modulations douteuses, etc. . 254
CHAPITRE VIII. — DE LA SUCCESSION ET DE L'ENCHAINEMENT DES ACCORDS. 255
Section première. De la succession des accords par les divers mouvements. 255
Section deuxième. De la manière d'accompagner chaque note . . . 258
Section troisième. De la liaison des accords 259
Section quatrième. Des notes de broderie. 260
CHAPITRE IX. — DU RHYTHME, DE LA MESURE ET DU TEMPS. . . . 261
Section premiere. Du rhythme et des cadences. 261
Section deuxième. Des mesures. 263
Section troisième. Du temps et de ses divisions. 264
CHAPITRE X. — DES VOIX. . . . .

LIVRE DEUXIÈME. — HARMONIE PRATIQUE.

PRÉAMBULE. 267
CHAPITRE PREMIER. — DE L'HARMONIE A DEUX PARTIES. 268
CHAPITRE II. — DE L'HARMONIE A TROIS PARTIES. 271
CHAPITRE III. — DE L'HARMONIE A QUATRE PARTIES. 274
CHAPITRE IV. — DE L'HARMONIE A PLUS DE QUATRE PARTIES. . . . 278
APPENDICE. Des accords chromatiques. 278
CONSEILS DE REICHA. 281
POST-FACE 284

FIN DE L'HARMONIE.

TABLE DES MATIÈRES.

	Pages.
Continuation d'une incroyable histoire.	287
Lettre à M. Émile Chevé, par M. Aimé Paris.	289
Causes de l'omission des détails de plusieurs faits.	289
Offres loyales dédaignées par les hommes spéciaux.	290
Pourquoi les expériences comparatives sont-elles devenues nécessaires?	290
Bases générales des concours.	290
Combien d'hommes spéciaux ont tremblé devant la preuve.	290
Refus de MM. Massimino, Mainzer, F. Stœpel et Vilhem.	290
Programme de la *Toxicologie musicale*.	291
Programme de l'examen de la méthode Wilhem et du rapport de M. Boulay de la Meurthe.	291
Le Conservatoire de Paris demandé pour adversaire.	291
Déloyauté de l'Ecole Normale de Bordeaux.	291
M. Viallon à Lyon, Mlle Cottignies, à Lille, le Conservatoire de Lille.	292
M. le Préfet du Nord.	292
Triple retraite de M. Fétis, à Bruxelles.	293
Proposition au Ministre de l'Intérieur, en Belgique.	294
Curieuse réponse de ce Ministre.	295
Riposte.	296
Le Conservatoire de Gand recule.	300
Mauvais vouloir de la Régence d'Anvers et de ses délégués.	301
La Régence de Liége accepte une expérience.	301
Elle manque à sa promesse.	301
Texte des propositions d'examen.	302
Combien elle met de temps pour réfléchir.	304
Sa lettre d'acceptation.	305
L'examen comparatif prend date.	305
Preuves de la participation de la Régence de Liége.	306
Elle oppose après coup une fin de non-recevoir.	306
Démarches inutiles pour ramener les choses au vrai.	307
Deux lettres à M. le Directeur du Conservatoire royal de Liége.	308
Refus définitif.	309
La Régence de Liége jugée par la presse locale.	309
Ma réclamation contre son manque de foi.	310
Le principe des garanties d'exécution établi. Lettre à M. Renard-Collardin.	311
Nouvelle preuve du temps laissé à la Régence de Liége pour réfléchir.	312
Comme quoi la Régence de Liége est en progrès.	312
Equipée du Directeur de l'Ecole municipale de Metz (*succursale du Conservatoire royal de France*).	312
La succursale de Metz bat en retraite.	313
Empressement négatif de M. Auber, directeur de Conservatoire royal de France.	313
Ingénieuse idée de la commission de surveillance de la succursale de Metz.	313
Le Directeur de l'opinion libérale de Metz.	314

Ce que la méthode doit prendre désormais, pour programme d'expériences des-

TABLE DES MATIÈRES.

                                                                                             Pages.

tinées à prouver la capacité des professeurs. 314
M. Auber, défend à la succursale de Metz d'accepter les expériences comparatives. 314
Epreuves destinées à prouver la capacité de l'homme enseignant. 215
Epreuves proposées aux professeurs, pour déterminer le dégré de clarté de la notation usuelle. 316
Eléments d'un concours entre les élèves des deux théories. 319
Expérimentations en dehors du concours. . , ... 323
La puissance des idées de Galin, prouvée par les vérifications faites en présence d'hommes spéciaux 324
Commission de Bordeaux. 324
Commission de Gand. . , : 325
Commission d'Anvers. 326
Commission de Bruxelles. 326
Programme pour ces trois villes. 326
Commission de Metz. 327
Procès-verbal de Metz. 328
Opposition de Rouen. 329
Opposition de Bordeaux. 330
Opposition de Gand. . . . . . s 330
Opposition de Bruxelles. 330
Valeur intellectuelle des auteurs de méthodes usuelles. 331
Démonstrations sympathiques des élèves de la théorie de Galin. 331
De quel côté se trouvent les garanties les plus complètes de moralité et d'intelligence. 332
Question nettement posée à M. le Ministre de l'Instruction publique. . . . 332
Ce que c'est que la méthode de Wilhem. 333
Ce que c'est que la théorie de Galin. 334
Résumé des fuites de l'opposition. 335
Paix armée. 335
Promesse qui sera tenue. 336
Post-scriptum. 336
Réponse de M. le Ministre de l'Instruction publique 337
Démarche auprès de M. Orfila. 337
M. Orfila fait refuser sa porte. 338
Lettre à M. Orfila. 338
M. Listz consulté sur la valeur de la méthode de Galin. 339
Lettre à M. Listz. 339
Ultimatum. 340

FIN DE LA TABLE DU SECOND VOLUME.

PUBLICATIONS NOUVELLES.

MÉTHODE ÉLÉMENTAIRE DE MUSIQUE VOCALE, par M. et Madame ÉMILE CHEVÉ, 1 volume in-8°, prix net, ... 9 fr.

EXERCICES PRATIQUES, pour servir de matériel aux professeurs, ouvrage entièrement original, par les mêmes, 1 volume grand in-8°, prix net. . . . 6 fr.

MÉTHODE THÉORIQUE ET PRATIQUE D'HARMONIE, ouvrage entièrement original, par les mêmes, 2 volumes grand in-8°, prix net. . . . . 15 fr.

APPEL AU BON SENS de toutes les Nations, sur l'enseignement musical, par M. ÉMILE CHEVÉ, brochure grand in-8°, 80 pages. — Chez tous les libraires. Prix. . . . . 1 fr.

Tous ces ouvrages se vendent chez les auteurs, 60, rue Saint-André-des-Arts, à Paris.

PRINCIPES ET APPLICATIONS DE LA MNÉMOTECHNIE, par AIMÉ PARIS, 2 volumes in-8°. Prix. . . . . 10 fr.

LES DIFFICULTÉS DE L'HISTOIRE DE FRANCE APLANIES, in-8°. Prix. . . . . 1 f. 50

Ces deux ouvrages se trouvent chez MANSUT, place Saint-André-des-Arts, à Paris, 60.

NÉCESSITÉ D'UNE RÉFORME DANS L'ENSEIGNEMENT DE LA MUSIQUE VOCALE, par AIMÉ PARIS, in-8, de 90 pages, à Bruxelles, chez Stapleaux, imprimeur, 56, rue Royale Neuve. Prix. . . . . 1 fr.

Pour paraître prochainement.

TOXICOLOGIE MUSICALE, ou analyse de tous les principes malfaisants, contenus dans les méthodes usuelles les plus accréditées, (Wilhem, Mainzer, F. Stœpel Quicherat, Panseron, le Conservatoire royal de France, etc., etc., etc.) Par AIMÉ PARIS.

MÉTHODE ÉLÉMENTAIRE POUR TOUS LES INSTRUMENTS, par M. et Mme ÉMILE CHEVÉ, 1 volume grand in-4°.

Des Cours permanents de Musique Vocale, d'Harmonie et de Contre-Point, sont ouverts à Paris, chez M. ÉMILE CHEVÉ, rue Saint-André-des-Arts, 60.

IMPRIMERIE D'ÉDOUARD BAUTRUCHE,
r. de la Harpe, 90.

www.ingramcontent.com/pod-product-compliance
Lightning Source LLC
LaVergne TN
LVHW020947090426
835512LV00009B/1755